明日から使える!

高齢者施設の介護人材育成テキスト

キャリアパスをつくる研修テーマ16選

監修 山口晴保　編集 松沼記代

はじめに

　30年前の病院介護者（付添婦）が書いたケアの実態を読むと、丸ごとミキサーにかけた食事（現在では最悪の食事）が「すばらしいアイデア」と紹介されています。この頃は、大きな病室にたくさんのベッドが並べられ、定刻になるといっせいにおむつを交換するという時代でした。それが、現在では「尊厳を支えるケア」にまで進化してきました。本書でつらぬかれている理念は、この尊厳を支えるケア、利用者の自立支援、主体性・人格の尊重、生きがい支援となります。

　高齢者施設の介護人材育成のテキストである本書の特徴は、介護現場のニーズに即して16のテーマを厳選したうえで、さらに1時間程度での研修・演習を想定した33の小テーマで構成し、読み切り完結型になっていることです。理念から人体の構造、リスクマネジメント、リハビリテーション、認知症ケア、腰痛対策までテーマはさまざまですが、人材育成に必須のテーマが厳選されています。また、施設・事業所の講師役職員がすぐに本書を見て講義がはじめられるような、実践的な内容になっています。さらに、本書の別冊として、「人材育成プログラムの手引き」や「講義計画表」も用意していますので、研修をスムーズに行うことができます。別冊には、研修担当者がOff-JTやOJTを組み合わせた研修プログラムを立案できるように、人材育成の概要も解説しています。

　本書は、長年人材育成に取り組み、都道府県が主催する研修や、介護施設・事業所で研修を実践してきた著者たちが、それぞれの専門ごとに執筆担当していますので、現場のニーズに即した内容になっています。施設内研修の講師役だけでなく、受講生も本書を活用することにより、共通の理念や知識・技術を習得し、日常のケアに役立つような内容構成になっています。

　また、本書の編者は、長年介護の現場で経験を積み、その後、教育界で活躍中の松沼記代教授です。一人の編者が全体を企画しているので、調和がとれた介護職研修が可能となるでしょう。

　本書が施設の人材育成プログラムの構築に貢献し、介護スタッフが笑顔でやりがいを感じられる職場環境が整い、離職がゼロになり、同時に利用者の尊厳を支えるケアの普及に一役を担えることを願っています。

認知症介護研究・研修東京センター

山口晴保

本書をご活用いただくにあたって

【編集方針】

■ 本書は介護現場のニーズに即した 16 のテーマを「節単位」で取りあげています。

■ 16 のテーマを、1 時間程度の研修・演習を想定した 33 の小テーマに分類し、研修の際に系統立てて学習できるように工夫しています。

■ 小テーマごとに学習者一人ひとりで振り返り学習することを推奨します。

■ 研修担当者用に人材育成の概要をまとめた「別冊 人材育成プログラムの手引き」と、補助教材として 33 の小テーマの「講義計画表」を用意し、研修に取り組みやすくなるよう工夫しています。

■ 図表やイラスト、写真を多用してビジュアル面に配慮(はいりょ)しています。

【研修主催者のみなさまへ】

本書を研修に採用していただく主催者のみなさまへ、質の高い介護職の養成に役立てていただけるよう、「別冊 人材育成プログラムの手引き」「講義計画表」(PDF)を提供いたします。

PDF の入手については、お近くの弊社営業所にお問い合わせください。

中央法規
Chuohoki Publishing Co., Ltd.
ホームページ ▶ https://www.chuohoki.co.jp/

・札幌営業所　〒060-0052　北海道札幌市中央区南 2 条東 2-9　TEL. 011-219-6121 / FAX. 011-252-0828
・仙台営業所　〒980-0014　宮城県仙台市青葉区本町 1-9-2　TEL. 022-222-1693 / FAX. 022-216-5087
・東京営業所　〒110-0016　東京都台東区台東 3-29-1　TEL. 03-3834-5817 / FAX. 03-3837-8037
・岐阜営業所　〒502-0905　岐阜県岐阜市山吹町 1-4　TEL. 058-231-8752 / FAX. 058-231-8756
・大阪営業所　〒530-0041　大阪府大阪市北区天神橋 4-8-12　TEL. 06-6351-9079 / FAX. 06-6355-3447
・広島営業所　〒732-0804　広島県広島市南区西蟹屋 2-9-12　TEL. 082-568-5870 / FAX. 082-568-5871
・福岡営業所　〒810-0073　福岡県福岡市中央区舞鶴 3-2-1　TEL. 092-724-8714 / FAX. 092-726-2060

Contents

はじめに
本書をご活用いただくにあたって

第1章 ケアの基礎知識

第1節 尊厳を支えるケアを実現するために ── 2
  1 尊厳を支えるケアの意味と実践 ── 2
  2 施設の理念を毎日のケアにいかすために ── 6
  3 ICFモデルの実践（自立支援・個別ケア） ── 10
  4 業務マニュアルの作成と実践 ── 15

第2節 接遇マナー ── 22
  1 接遇とは ── 22
  2 関係づくりの基本 ── 22
  3 介護における言葉づかい ── 26

第3節 効果的なコミュニケーション ── 30
  1 効果的なコミュニケーションとは ── 30
  2 気づきの育成 ── 34
  3 適切な自己表現（アサーション）と文章表現の方法 ── 39

第4節 介護職に必要な医学知識 ── 45
  1 からだのしくみとはたらき ── 45
  2 高齢者に多い主な疾患 ── 57
  3 感染予防 ── 67

第2章 ケアの方法

第1節　自立に向けたケアの方法 ──── 74
　1　ボディメカニクスのポイント ──── 74
　2　ポジショニングのポイント ──── 77
　3　移動の介護 ──── 83
　4　入浴介助のポイント ──── 89
　5　排泄介助のポイント ──── 95
　6　食事介助のポイント ──── 98
　7　口腔ケア ──── 103
　8　疾患別介護技術のポイント ──── 108
　9　リハビリテーション・機能訓練のポイント ──── 112
　10　介護予防の視点とポイント ──── 118

第2節　認知症ケア ──── 127
　1　認知症ケアの基礎理解 ──── 127
　2　認知症ケアの理念 ──── 130
　3　認知症の症状（中核症状）のケア ──── 133
　4　BPSDのケア ──── 135
　5　認知症の生活障害のケア ──── 137

第3節　看取りケア ──── 139
　1　看取りケアを行うために ──── 139

Contents

  2 入居から看取り後までの流れとプロセスに
応じたケアの方法 ―――――――――― 140

第4節　リスクマネジメント ――――――― 150
  1 リスクマネジメントとは ―――――――― 150
  2 インシデントとアクシデント ―――――― 151
  3 事故発生時の対応と、報告書の意義と書き方 ― 153
  4 KYT（危機予知トレーニング）―――――― 156

第5節　脳活性化リハビリテーション ――― 159
  1 脳活性化リハビリテーションの5原則 ―― 159
  2 高齢者の今もっている機能 ―――――― 161
  3 脳活性化リハビリテーションの実践例 ―― 162
  4 脳活性化リハビリテーション実践の
ポイントと流れ ――――――――――― 167

第6節　レクリエーション支援 ――――――― 172
  1 レクリエーション参加の意義 ―――――― 172
  2 レクリエーション支援のあり方 ―――――― 174
  3 レクリエーション支援の方法 ―――――― 176
  4 レクリエーション支援の実践例 ―――――― 180

第3章 ケアの質の向上を促すための方法

第1節 ストレスケア ─────── 184
 1 ストレスとは ─────── 184
 2 ストレスケアの考え方 ─────── 186
 3 ストレスによる関連疾患の予防 ─────── 188

第2節 リーダーシップ ─────── 192
 1 リーダーとは ─────── 192

第3節 ティーチングとコーチング ─────── 196
 1 ティーチングとコーチングを体験する ─────── 196

第4節 チームワーク ─────── 200
 1 チームワークを考える ─────── 200

第5節 虐待防止 ─────── 205
 1 高齢者虐待防止法の成立 ─────── 205
 2 高齢者虐待の定義 ─────── 205
 3 虐待の要因 ─────── 208
 4 身体拘束 ─────── 208
 5 養介護施設従事者等による高齢者虐待への取り組み ─────── 210

Contents

第6節　職員の腰痛予防 ——————————— 213
- 1　腰痛の発生状況 ——————————— 213
- 2　腰痛の原因 ——————————— 214
- 3　腰痛発生要因 ——————————— 215
- 4　腰痛対策 ——————————— 217

おわりに
監修者・編者・執筆者一覧

第1章

ケアの基礎知識

第1節 尊厳を支えるケアを実現するために

1 尊厳を支えるケアの意味と実践

❶ 尊厳を支えるケアとは

　わが国では、戦後のベビーブーム世代が65歳以上を迎える2015（平成27）年に向けて、2003（平成15）年に高齢者介護研究会が「2015年の高齢者介護〜高齢者の尊厳を支えるケアの確立〜」を打ち出しました。尊厳を支えるケアという概念は、増え続ける認知症高齢者に対して、従来の身体介護優先のケアから、認知症を中心とした精神的なケアモデルへの転換が急務となったために提示されました。尊厳を支えるケアは身体的自立支援と、その上位にある精神的自立支援を含んでいます[1]。

　次に尊厳を支えるケアの定義について考えてみましょう。社会福祉法や介護保険法、老人福祉法、障害者の日常生活及び社会生活を総合的に支援するための法律の理念には、利用者の尊厳の保持がうたわれています。ここにはケアを実践するうえでの理念として、「自立支援」「主体性・人格の尊重」「生きがい支援」の3項目が掲げられています。ケアの内容としては、「心身のケア、認知症ケア、機能訓練、生活支援、健康管理・療養上の世話」が示されています（図1-1-1）。

　以下は、前記の法律等をもとに尊厳を支えるケアについて定義した試案です。この内容をもとに、皆さんの施設の方針や理念について考えてみてください。

> 尊厳を支えるケアとは、利用者の自立した日常生活および生きがいのある健全で安らかな生活を支援するために、本人の意思および人格を尊重し、常にその者の立場に立ってADLの介護、相談および援助、社会生活上の便宜の供与、その他の日常生活上の世話、機能訓練を行い、最終的に本人の希望や能力に応じて社会的活動に参加できるように支援することをいう。

図1-1-1　ケアの理念と内容

自立支援　主体性・人格の尊重　生きがい支援
心身のケア　認知症ケア　機能訓練　生活支援　健康管理・療養上の世話

❷ 尊厳を支えるケアの実践：パーソン・センタード・ケア

　尊厳を支えるケアを実践する際の指標として、パーソン・センタード・ケアがあります。パーソン・センタード・ケアは、1990年代前半にキッドウッドによって認知症ケアのために提唱されましたが、介護現場の風土を変革するツールとしても応用できます。パーソン・センタード・ケアの直接的な意味はその人を中心としたケアであり、一人ひとりの利用者の尊厳を支えるケアとされています。構成要素として、「人々の価値を認める」「個人の独自性を認める」「その人の視点に立つ」「相互に支え合う社会的環境を提供する」の4点が示されています[2]。

　さらに、具体的なケアの姿勢を示すものとして、12項目の「個人の価値を高めるはたらきかけ」（PPW）（表1-1-1）と、17項目の「個人の価値を低める行為」（PD）（表1-1-2）があげられています。それぞれの項目ごとに、ふだん行っているケアと比較して考えてみましょう。例えば、自分が最近見たよいケアと不快に感じたケアについて、1エピソードずつ記述してまとめ、その内容がパーソン・センタード・ケアのどの項目に該当するかを考える機会をつくることにより、ふだんのケアを振り返ることができます。

❸ 尊厳を支えるケアを具現化するための前提条件

　施設や事業所（以下、施設とする）内で尊厳を支えるケアを具現化するための前提条件として、「介護方針と業務の明確性」「チームケアを実践するための人間関係」「職員の意識」「研修体制の確立（運営者）」「適切な職員のキャリアパス」の五つの要素があります[3]（表1-1-3、図1-1-2）。表1-1-3にそれぞれの要素とその具体的な内容をまとめました。実践できているか評価してみましょう。

　尊厳を支えるケアを個人や数人で実践しようとしても、他の職員や運営者側が同じ方向を向いていなければ、具現化することはできません。問題解決のために、運営者側が取り組むべきテーマと職員が主体的に実践すべきテーマがありますが、お互いにサポートし合って展開していく必要があります。

❹ 尊厳を支えるケアの実現に向けて

　本書ではICF（国際生活機能分類）モデルをはじめ、尊厳を支えるケアに必要とされるほとんどのテーマを取り上げています。定例研修会等で施設のニーズに沿ってテーマを選び、全職員が一体となって取り組むことができるように、繰り返して学習する環境を整備してください。

表 1-1-1　個人の価値を高めるはたらきかけ（PPW）

	Label	解釈
1	尊重する Recognition	介護者は率直で偏見のない態度で、それぞれの独自性を認めてケアを行う。意思・人格を尊重したケアを実践する。
2	相互理解する Negotiation	相手のことはわかっていると思い込まず、あえてたずねる。本人の望む要望や行動を理解し、できる限り支援する。
3	ともに行う Collaboration	押しつけや強制は避け、やろうとする気持ちを引き出す。なじみの人間関係を築き、ともに行う。
4	遊ぶ、楽しむ Play	自由な発想と子どものように無邪気な気持ちで、遊び楽しむ環境や楽しい日常生活を実感できるように支援する。
5	感覚を刺激する Stimulation	手をにぎる、身体をさするなど、身体的な接触を通して、喜びを得る。快の刺激を得る。
6	喜び合う Celebration	ちょっとしたよい出来事を素直に喜び合う。家族や他の利用者との関係を良好にし、ともに喜び合う環境をつくる。
7	リラックスする Relaxation	介護者も利用者も心身ともにリラックスする。休息をとり、次の楽しみに備える。
8	共感的に理解する Validation	相手のことをわかろうとする態度で接し、正面から相手の悩みに向き合う。正直な気持ちを引き出す。
9	包み込む Holding	抱きしめる。安心感を抱けるようにする。利用者が攻撃的になった場合、職員は感情をコントロールして接する。
10	能力を引き出す Facilitation	「見かけの限界」や今の状態の意味を探り、できることを探して、活動をサポートする。
11	創造的な活動を促す Creation	スタッフがリードして行うアクティビティに参加できるように支援する。生活自体を創造的にする。
12	人のために何かする Giving	周囲の人のために役に立つ。そのような力を引き出す。

出典：ドーン・ブルッカー、水野裕監修、村田康子・鈴木みずえほか訳『VIPSですすめるパーソン・センタード・ケア』クリエイツかもがわ、121～129頁、2010年をもとに作成

表 1-1-2　個人の価値を低める行為（PD）

①だます、ごまかす　②能力を使わせない　③子ども扱いする　④怖がらせる　⑤レッテルを貼る　⑥差別する　⑦急がす　⑧わかろうとしない　⑨のけものにする　⑩もの扱いする　⑪無視する　⑫無理強いする　⑬放っておく　⑭非難する　⑮中断させる　⑯あざける　⑰侮辱する

表 1-1-3 尊厳を支えるケアを具現化するための要素とその内容

要素	具体的な内容	評価
介護方針と業務の明確性	介護方針を全職員が理解しているか	
	介護方針に沿って、全職員がケアにあたっているか	
	業務マニュアルは全職員が理解しているか	
	業務マニュアルに沿って、全職員が業務にあたっているか	
	業務分掌や責任の所在は明確になっているか	
	ケアプランに沿って、全職員が個々の利用者のケアにあたっているか	
	緊急対策マニュアルは周知されているか	
	緊急時にはマニュアルに沿って対処しているか	
チームケアを実践するための人間関係	運営者側は運営方針が共有できるように努めているか	
	全職員が運営方針にもとづいて、一丸となって働いているか	
	リーダー（相談員・管理者・介護主任等）は、スーパーバイズ（管理、教育、支持）をしているか	
	同職間でケアの方法や業務等について意見交換が十分できているか	
	他職種間の意見交換や連携は十分できているか	
	職場の人間関係や雰囲気は風通しがよく、協力し合う関係になっているか	
	職務の自主性が尊重されているか	
職員の意識	個々の職員は全利用者に関心をもち、自立や生きがい支援の実現に取り組んでいるか	
	個々の職員は全利用者の安全に配慮してケアに取り組んでいるか	
	個々の職員はケアや業務にやりがいを感じているか	
	個々の職員はケアの改善や職場の風土改善に向けて努力しているか	
研修体制の確立（運営者）	介護能力の向上に向けた研修は定期的（月1回程度）に実施されているか	
	新人教育をパッケージ化して、実施しているか	
	リーダー教育をパッケージ化して、実施しているか	
	外部研修への参加を支援し、報告研修を開催しているか	
適切な職員のキャリアパス	仕事量と職員数は適切か	
	就業規則に基づいて職員のキャリアパスは適切に示されているか	
	運営者は職員の健康や福利に取り組んでいるか	

図 1-1-2 尊厳を支えるケアを具現化するための前提条件と方法

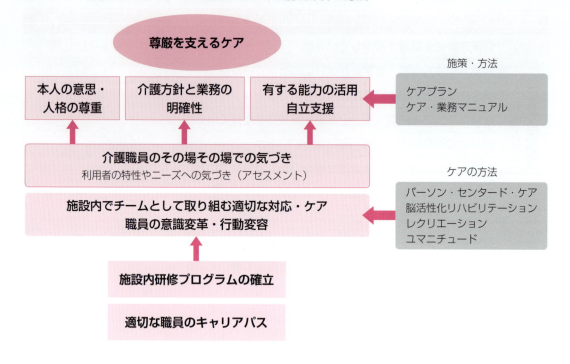

2 施設の理念を毎日のケアにいかすために

❶ 施設理念とは

　わが国は、1951（昭和26）年に社会福祉の目的、理念、原則を示した社会福祉事業法という法律ができました。その後、2000（平成12）年5月に社会福祉法に改正され、社会福祉サービスの定義や理念、社会福祉法人に関する規定が盛り込まれました。これにもとづき、各社会福祉法人にも法人・施設の理念が定められています。法人・施設の理念はその法人・施設の価値観や文化、目指す方向性を表したものです。基本的には利用者の尊厳を守り、利用者の自己実現を目指すものです。

　目指す方向を示す「施設の理念」は、職員にどれだけ浸透しているのでしょうか。また、その理念の意味するところはどこにあるのでしょうか。介護現場では、実施されている介護が何を目指しているかを介護職一人ひとりが明確にできていないところもあります。例えば、新人介護職が採用されて、実際に仕事を始めるまでの研修期間は短く、内容にばらつきがあります。理念の内容、真に目指す方向性がきちんと説明され、理解されないと、介護職の目指すものにずれが生じ、具体的な介護内容にも違

いが生じます。

介護内容に違いが生じれば、結果的に介護を受ける利用者やその家族はとまどいます。このように、法人・施設の理念を浸透させることは大変重要です。

❷ 理念の展開

理念を具体的に展開するために事業方針があります。これは漠然とした理念を具体的に方向づけるものです。さらに、事業方針をもとに、目標を策定します。この目標は理念や事業方針の内容を達成するために、その年度にどのような達成すべき事柄をもって進めていくのかを具体的に示すものです。さらに、その目標をもとに、各部門がそれぞれの目標と計画を立案します。目標は年度によって変更していきますが、前年度を評価し、次年度は何を目指すかを決め、さらに理念に近づけていきます。目標を達成するためには高い倫理性や知識、技術、実践力などが必要ですが、一人の介護職の手で達成できるものではありません。各部門の職員が一丸となって目標に向かって取り組むことで、施設の理念を実現できるのです。

理念の実現は、日頃のケアの内容と質により決定づけられます。その介護の内容や質は、介護を受ける人の尊厳と自立を支援するものです。介護の内容や質が介護職によって異なっていては、利用者の尊厳や自立を支援することにはなりませんし、理念の実現にもつながりません。介護職の誰が行っても同じ目標や介護の内容で行われることが適切なケアとなり、そのために一定の研修も必要です。

理念の実現に向けた研修は、法定研修と呼ばれているものやその施設が求めている質を担保するための研修、階層別研修などさまざまです。どのような研修を組み合わせるにしても、介護職はいつも理念を意識して、研修を受け、質を担保する必要があります。特に、施設内で行う研修はその施設の問題点に焦点をあてて実施することができるので、職員の心を一つにし、モチベーションを上げることにもつなげていくことができます。

介護の質の向上を目指し、施設の理念を毎日のケアにいかすためには、理念から実践までの具体的な内容を明文化し、介護職や他職種がいつも意識して利用者と向き合うことが求められています。

❸ 介護職の現状

介護現場で働く介護職は、介護福祉士や実務者研修修了者、初任者研修修了者のような介護の専門知識をもっている人ばかりではありません。また、介護職が入職した後に受けている研修は、十分でないところもあります。基本的な社会福祉の理念や介

護の倫理、介護に必要な知識や技術をもたないまま仕事に就く人もいるのではないでしょうか。また、利用者の状況は一人ひとり異なります。介護サービスは基本の介護技術をベースに、その人にあった介護内容を展開する必要があります。利用者の状況を把握するための専門知識やその状況に合わせた介護技術の実践は、介護職の間で共通の理解を得ておく必要があります。同じサービスを展開することが利用者の混乱を防ぎ、利用者の希望する生活の実現につながるからです。

❹ 施設の理念の実現のために必要なこと

① 介護現場の組織

　介護現場の組織は施設長をトップとして、階層別に管理者やリーダー、初任者などさまざまな呼び名があります。どのような職員を何という役職で呼ぶのかは、その施設によって異なります。図 1-1-3 のように、例えば、新人職員は入職後3年までの職員をいい、中堅職員は5年までの職員、リーダー職員は5年以上の職員、管理者職員は10年以上の職員といった具合です。なかには、より細かく分類している現場もありますし、さらに短い経験年数でリーダー職員や中堅職員になるところも多いかもしれません。

　では、その職員の役割とはどのようなもので、何ができる人を新人職員、中堅職員、リーダー職員、管理者職員というのでしょうか。実は、これも施設によって明確になっていないところがあります。一般的には、新人職員を指導するのが中堅職員で、それを統括するのがリーダー職員です。個々の介護職は理念の実現のために経験年数を積み重ねながらステップアップし、より専門性の高い介護職を目指していきます。その

図 1-1-3　介護施設の階層（例）

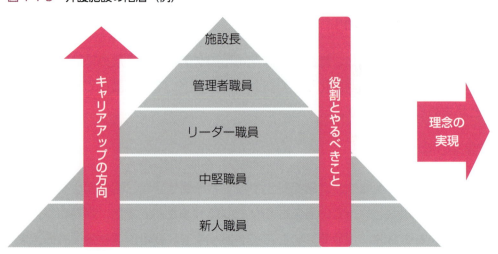

次に目指す介護職がどのような職務なのかが明確でないと、専門職として何を標準にしてケアにあたればよいかわからなくなります（目標をもてなくなるわけです）。このため、各階層の役割やできることを明確にし、明文化することが必要です。具体的な内容は、「4 業務マニュアルの作成と実施」で示します。

2 施設の理念を毎日のケアにいかすために

例えば、ある施設の理念が「利用者様の自己実現を目指す」だとします。脳血栓により片麻痺のある利用者の介護目標では、「トイレまで歩いて行く」「自分で食事を摂る」などが考えられます。このように、利用者の目標を決める際には、アセスメントの段階で多方面から情報を集め、分析し、最終的に具体的な介護の実施内容までを導き出します。このプロセスを介護過程といいます。これは介護職全員の共通理解としておく必要があります。

つまり、介護の専門性とチームとしての取り組みが必要になるわけです。それが利用者の自己実現につながり、理念の実現に結びつくことになるわけです。

このように、介護職が行っている日々のケアは介護現場の理念を反映し、利用者の「このようにありたい」という希望の実現につながることが大変重要です。

3 求められる介護福祉士像

介護を受ける人の尊厳が守られ、自己実現するために、2006（平成18）年に厚生労働省が作成した「介護福祉士のあり方及びその養成プロセスの見直し等に関する検討会報告書」では、12項目の「求められる介護福祉士像」が示されています（表1-1-4）。

表1-1-4　求められる介護福祉士像

①尊厳を支えるケアの実践
②現場で必要とされる実践的能力
③自立支援を重視し、これからの介護ニーズ、政策にも対応できる
④施設・地域（在宅）を通じた汎用性ある能力
⑤心理的・社会的支援の重視
⑥予防からリハビリテーション、看取りまで、利用者の状態の変化に対応できる
⑦他職種協働によるチームケア
⑧一人でも基本的な対応ができる
⑨「個別ケア」の実践
⑩利用者・家族、チームに対するコミュニケーション能力や的確な記録・記述力
⑪関連領域の基本的な理解
⑫高い倫理性の保持

このように、介護には高い倫理性や知識、技術が求められています。理念は日々のケアのなかでしか実現できません。現場では専門職以外の職員も一緒に仕事をしていることをふまえ、介護職の質の向上に力を入れることが、理念を毎日のケアにいかすことにつながります。

3 ICFモデルの実践（自立支援・個別ケア）

❶ ICFモデルの考え方

1 ICFの基本概念

2001年にWHO（世界保健機関）によって、ICF（国際生活機能分類）が定められました。ICFでは、心身機能・身体構造、活動、参加の三つのレベル（階層）の包括概念を生活機能としています。また、生活機能に影響する「背景因子」として、環境因子と個人因子があります。生活機能と背景因子、健康状態は、相互に作用し合う複合的な関係（図1-1-4）にあります。

また、ICFをいかした支援は、生活機能というプラスの面（肯定的側面）を重視する考え方ですが、生活機能に問題が生じた状態として、身体的な機能障害、活動制限、参加制約のマイナスの面（否定的側面）があり、それを障害といいます。

図1-1-4　ICFの生活機能モデル

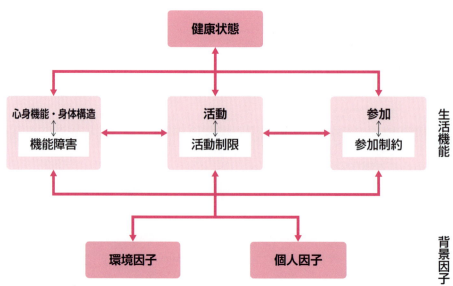

出典：大川弥生『「よくする介護」を実践するためのICFの理解と活用——目標指向的介護に立って』中央法規出版、18頁、2011年を一部改変

2 各階層の特徴（表1-1-5）

●生活機能およびその障害

① 心身機能・身体構造（生物レベル） ⟷ 機能障害
- 心身機能：手足の動き、精神のはたらき、視覚・聴覚、内臓のはたらきなど
- 身体構造：手足の一部、心臓の一部（弁など）などの、身体の部分のこと

② 活動（個人レベル） ⟷ 活動制限
- 目的をもった一連の動作からなる具体的な行為のこと
- 日常生活動作（ADL）や手段的日常生活動作（IADL）、車の運転などといった社会生活上必要な行為、趣味やスポーツといった余暇活動など
- 「能力（できる活動）」と「実行状況（している活動）」からとらえる
- 「している活動」を充実させながら、潜在的能力ともいえる「できる活動」を発見し引き出すことが重要。「活動」を向上させることで「参加」につなげていく

③ 参加（社会レベル） ⟷ 参加制約
- 趣味やスポーツなどへの参加、家庭・職場・地域社会などで自分の役割を果たすこと

表1-1-5　ICFの概念

	第1部：生活機能と障害		第2部：背景因子	
構成要素	心身機能・身体構造	活動・参加	環境因子	個人因子
領域	心身機能 身体構造	生活・人生領域（課題、行為）	生活機能と障害への外的影響	生活機能と障害への内的影響
構成概念	心身機能の変化（生理的）身体構造の変化（解剖学的）	能力 標準的環境における課題の遂行 実行状況 現在の環境における課題の遂行	物的環境や社会的環境、人々の社会的な態度による環境の特徴がもつ促進的あるいは阻害的な影響力	個人的な特徴の影響力
肯定的側面	機能的・構造的統合性	活動参加	促進因子	非該当
	生活機能			
否定的側面	機能障害（構造障害を含む）	活動制限 参加制約	阻害因子	非該当
	障害			

出典：世界保健機関・厚生労働省社会・援護局障害保健福祉部編『国際生活機能分類――国際障害分類改定版（ICF）』厚生労働省社会・援護局障害保健福祉部、10頁、2002年

- ●生活機能に影響する背景因子
  - ①環境因子
    - ・物的環境は建築・道路・交通機関・福祉用具など、人的環境は家族・友人・仕事上の仲間など、社会的環境には、社会的な意識、制度・政策・サービスなど
    - ・プラスにはたらく場合は促進因子、マイナスにはたらく場合は阻害因子という
  - ②個人因子
    - ・年齢、性別、生活歴（学歴や職業歴、家族歴等）、価値観、ライフスタイルなど個人に起因する属性
    - ・その人固有の多様な特徴をいい、生活機能や個人の目標に影響する
- ●生活機能に影響する健康状態
  生活機能低下の原因となる疾患・妊娠・高齢（加齢）・ストレス等を含む広い概念。

❷ ICFの視点にもとづくアセスメント

1 各領域において必要な情報を収集・分類整理

　ICFの視点に立ってアセスメントする際は、生活機能の三つのレベル（心身機能・身体構造⇔機能障害、活動⇔活動制限、参加⇔参加制約）、二つの背景因子（環境因子・個人因子）、健康状態の六つの領域から情報を広く収集・分類することです。さらに、環境因子は促進因子と阻害因子、個人因子は肯定的側面と否定的側面に分けられ、要素間の関係を総合することで「生きることの全体像」を把握することを意味します。

2 分類した情報のアセスメントの手順

　①各生活活動について「している活動」を具体的に把握し、活動および健康状態とどのような相互作用があるのか、②心身機能・身体構造との相互作用はどうか、③参加との相互作用はどうか、④「環境因子」および「個人因子」との相互作用はどうかなど、「活動」向上のための手がかりをみつける作業をしていきます。その際は、マイナス要因だけでなく、プラス要因や潜在的なプラス要因を伸ばすことを重視し、尊厳の保持や自己実現の観点から、ケアの目標と具体的な介助の計画を設定します。

❸ 目標設定

　目標とは、一人ひとりの利用者のためにこれからつくっていこうとする「最も幸せな人生」の状態、言い換えれば「あるべき人生」の具体像[4]といえます。

表 1-1-6　目標設定のあり方

①目の前の課題解決を目指すだけでなく、将来の生活を予測して設定する。
②どのような生活を送れるようにするのかなど、個々に具体性をもたせる。
③どのような生活・人生を築きたいのかという「参加」レベルの目標を優先し同時に、それを実現するための活動レベルの目標を決め、次いで心身機能レベルの目標を決める。
④目標の到達時期を明確にし、実現可能なものとする。
⑤専門職や利用者・家族と情報・目標を共有する。

❹ 事例の実践的展開

1 事例概要

＜基本情報＞ Aさん、75歳、女性、話し好き、おしゃれ好き
＜経過＞ 60歳頃、高血圧症、慢性心不全、74歳で脳梗塞を発症し左片麻痺となる。要介護3。入浴、排泄などの動作時の動悸・息切れ、全身倦怠感、両下肢に浮腫あり。介助があれば立位・杖歩行も可能だが、主に車いすを使用。「胸が苦しくなるのは怖いから、あまり動きたくない」と言い活気がなく、1日の大半を寝て過ごし、身の回りのことは介護職に頼むことが多くなった。レクリエーションや会話を楽しみたいという希望はある。降圧剤（利尿剤）、心不全治療薬を服用。

2 アセスメント

事例をICFモデルで分類してアセスメントすると、表1-1-7のとおりになります。

3 生活の課題（ニーズ）

左片麻痺による歩行困難、下肢筋力低下がみられ、また、慢性心不全による動悸・息切れ、全身倦怠感は苦痛・不安の訴えとなり、活動意欲の低下を招いています。背景因子の影響をふまえて、「心不全の症状が悪化せず、もてる力を活用して活動したい」また、「苦痛・不安が軽くなり、レクリエーションや会話を楽しむ機会に参加したい」ということが生活全般の解決すべきニーズになります。そして、水分摂取量と排尿量、利尿剤の影響の把握、動悸・息切れ、浮腫等の出現状況についても確認し、他職種と連携して具体策を検討します。

4 介護計画（目標設定）

①参加目標：レクリエーションや会話を楽しむ
②活動目標：「レクリエーションスペースに移動する（動悸・息切れが少ない動作を身につける）」「好きな服を選んで身じたくする」

表 1-1-7　ICFモデルによるアセスメント

健康状態	慢性心不全、高血圧、脳梗塞後遺症、呼吸困難、全身倦怠感、両下肢浮腫 薬物療法：降圧剤（利尿剤）、心不全治療薬
心身機能・ 身体構造	視覚良好、聴力良好、右上下肢の機能あり 機能障害 左片麻痺・両下肢に浮腫あり、労作時の動悸・息切れ、全身倦怠感、活気なし
活動	・移動：介助があれば立位・杖歩行可、車いす使用 ・食事：1日3回、食べることが好き、減塩食、自力摂取 ・排泄：排便1回／2〜3日、尿7〜8回／日、介助にてトイレで排泄できる ・入浴：介助にて入浴2回／週 ・休息・睡眠：必要な睡眠時間は確保できている ・コミュニケーション：話し好き 活動制限 ・移動：動作時に呼吸困難・全身倦怠感あり 「胸が苦しくなるのは怖いから、あまり動きたくない」と不安の訴えあり ・食事：塩分制限、排尿量に合わせた飲水量 ・排泄：排泄動作時、呼吸の乱れ、利尿剤（尿意切迫） ・入浴：入浴動作時、呼吸の乱れ、浮腫で皮膚が弱い ・休息・睡眠：日中うとうとと寝て過ごす ・コミュニケーション：身の回りのことを職員にまかせてしまうことが多い
参加	・レクリエーションや行事は車いすで参加するときもある 参加制約 ・身の回りのことを介護職にまかせてしまうことが多い ・右上下肢の機能はあるが、役割は特にない
環境因子	物理的：車いす、特別養護老人ホームの個室、レクリエーションスペースあり 人的：介護職が介助 社会的：介護保険利用（特別養護老人ホーム） 阻害因子 介護職員はAさんに頼まれるとすぐに介助をする
個人因子	個人情報：女性、75歳、話し好き、おしゃれ好き 価値観：レクリエーションや会話を楽しみたい 否定的因子 左片麻痺や動作時の動悸・息切れ、全身倦怠感、不安感から活気がなくなった

5 サービス内容

① 慢性心不全による全身倦怠感、動悸、息切れによる苦痛・不安への対応
　・症状に対する苦痛や不安な気持ちを聞き、理解を示します。
　・医療との連携（水分出納・利尿剤の影響の把握、動悸・息切れの出現状況、浮腫の状態等を観察し、医師・看護師に報告・相談）。
② 麻痺による歩行困難、下肢筋力の低下への対応

- 動悸・息切れが少ない安楽な呼吸・動作ができるよう支援します（安楽な呼吸法の練習、活動の合間の休息、倦怠感・動悸・息切れが生じない範囲で体調に合わせたレクリエーションの参加の促進、動悸・息切れ出現時の対応を本人とともに確認します）。
- 介護者の介助にて、歩行・散歩を取り入れます（体調に合わせて車いすを使用）。

③ レクリエーションを楽しむための対応
- 好きな服を選択（せんたく）し、おしゃれを楽しめるよう身じたくを介助します（息切れのない動作で着脱できるよう介助します）。
- 会話を楽しめるレクリエーションを企画します。
- 無理に活動・参加をすすめたりせず、Aさんの調子に合わせて根気強くかかわります。

4 業務マニュアルの作成と実践

❶ 業務マニュアルの意義と機能

1 業務マニュアルを作成する意義

　マニュアルとは、作業の手順などを体系的にまとめた書類、冊子のことです。介護現場では業務やケアの標準化を図るために、手順等を体系的にまとめた業務マニュアル（ケアマニュアルを含む）が代表例です。業務マニュアルが整備されることで、介護職の間や他の専門職との間で共通認識が生まれ、その後の情報共有やコミュニケーションがしやすい環境となります。

　業務マニュアルは個別サービス計画のように策定が義務化されているわけではありませんので、整備していない施設もいまだに存在します。かつては業務マニュアルがあると、「マニュアルに縛られているようで仕事がしづらい」「ケアの個性が出づらい」などの観点から、あえてマニュアルを作成しないという施設もありました。しかし、第三者評価や情報公開での質問項目に「マニュアルの策定と見直しの有無」が記載され、ケアの質の確保という面で評価対象となっているために、整備する施設が急速に増えています。ただし、ホームページ等からダウンロードして冊子にするだけで、実際の業務と合致していない内容であったり、作成したとしても研修等で内容を周知せず、一部の職員しか知らないという施設も少なくないでしょう。

　業務マニュアルが整備されていなかったり、マニュアルが介護現場でいかされてい

ないとしたら、「経験」や「慣れ」だけの根拠のない介助方法が、無秩序に提供されることになります。例えば、移乗する際にズボンを持つ職員や腰に手を回す職員、声かけもせずにいきなり力づくで移乗する職員など、個々に異なっていて、誤った方法で介助が行われているとしたら、介助を受ける側の利用者はどのように感じるでしょうか。また、学ぶ側の新人職員や実習生が、一人の介護職から教えられた方法で介助していたところ、それを見た他の職員から「何でそんな介助をするのか」といきなり怒られ、つらい思いをしたという話もよく聞きます。

　介護は、「自分がそうされたらどのように感じるか」といった共感的な理解からはじまります。利用者が安全かつ心地よい介護を受けるには、基盤となる介護の方法を示したマニュアルが策定され、そのマニュアルを活用して統一したケアを全職員が実践する体制を整備する必要があります。

2 業務マニュアルの機能

　介護職は現在の法律では無資格でも就業できるため、介護の基本さえも学ばずに入職しているケースもあります。また、介護福祉士養成施設や初任者・実務者研修などで一定の専門教育を受けたとしても、テキストの内容や教員の考え方の相違により、介護技術の方法や尊厳を支えるケアの考え方が、多少異なるケースが生じます。さらに、受講生の能力やとらえ方によっても、理解される内容に相違が生じます。

　このような相違をなくし標準的なケアの方法を実践するために、人材育成の体制を整備する必要があります。新人・新任教育の方法として **OJT（On the Job Training）** を適切に導入することにより、ケアの標準化が図られ、離職率の低下にもつなげることができます。

　OJTの実践方法として、社会福祉ではスーパービジョンがあります。スーパービジョンの三つの機能のうちの管理的機能には、スーパーバイザー（以下、「バイザー」）が「職務・職責・役割・機能の確認」をスーパーバイジー（以下、「バイジー」）に実施することが含まれています。介護現場で考えると、バイザーである先輩職員や施設の管理者は、所属する施設の理念や規律、機能、介護職や他の専門職の業務内容、利用者および勤務先に対する責任や約束、他機関との連携などについて、バイジーの新人職員に指導する必要があることがわかります。スーパービジョンをとおして、新人職員や新任のリーダー等が組織内で適切な役割や責任を遂行（すいこう）できるように育成するわけですが、指導する方法や内容を標準化するために、職務・役割等を規定する各種規程やマニュアルを活用する必要があります。

　さらに、施設内の **Off-JT（Off the Job Training）** でマニュアルや規程の内容を

定期的に確認することにより、全職員が慣れや自己流のケアになっていないかを省みる機会をつくり、現場の変化やニーズに応じてマニュアルを修正していきます。このような環境が整備されてはじめて、介護職は自信をもって尊厳を支えるケアを実践することができるようになります。

❷ 介護現場で必要な業務マニュアルの種類

スーパービジョンの管理的機能に適応したマニュアルや規程の種類と内容を、表1-1-8にまとめました。1～5の各種規程については、入職時のオリエンテーションで配布し内容を確認します。日常の業務に直接関係するマニュアルではありませんが、雇用主である法人と被雇用者である介護職が遵守して、互いの利益を守るために必要不可欠なものです。介護職は法人の理念や事業方針のもとでチームケアを実践する必要がありますので、定期的に理念・方針を確認して業務を見直す必要があります。また、公休・有給休暇の取得方法や残業の規程等が示されることで、職員も安心して

表 1-1-8　業務マニュアルと規程の種類と内容

	種類（テーマ）	主な内容
1	理念・事業方針	法人の理念／事業所ごとの事業方針／今年度の目標
2	就業規則、給与規程、服務規程	法人の責務・福利厚生（年間休日・有休・育休・研修制度等） 職員の職務・責務（欠勤・遅刻等の対応等）
3	組織図、委員会規程	役職・職位の組織図／委員会組織図（ケア向上：排泄・入浴・口腔ケア・レクリエーション、研修、環境整備等）／委員会ごとの名簿
4	業務分掌、職務分掌、職務規程	職位別（管理職・リーダー・中堅・新人等）の業務・役割・責任
5	キャリアパス規程	職位ごとの達成目標、資格取得や研修参加による昇格等
6	出勤体制（シフト）別マニュアル	シフト（早番・日勤・夜勤帯）別の業務と役割
7	ケアマニュアル（各介護技術）	介護技術（入浴、起立、移乗、移動等の介助）ごとのマニュアル
8	感染症予防（対策）マニュアル	感染症の予防対策（清掃、手洗い等）／発生時の対応（消毒、隔離等）
9	緊急時対応マニュアル	ヒヤリハット／リスクマネジメント／災害時対応
10	虐待防止（対策）マニュアル	虐待防止のための指針・手順／虐待発見（発生）後の対応・対策
11	事故報告書作成マニュアル	事故が発生した後の報告書の作成方法

表 1-1-9　介護技術のマニュアル（例：端座位から立位の介助（右片麻痺の場合））

	手順	留意点	評価 月／日	評価 月／日
1	あいさつをする	利用者より目線を下げる		
2	介助内容の説明をし、同意を得る	短文でわかりやすく説明し、同意を得る		
3	ベッドの高さを調整する	利用者の足底が床にしっかりつくよう調整する		
4	左側の臀部（でんぶ）を前に出してもらう	患側（かんそく）の右側を保持しながら体重をかけ、左側を軽くして行う		
5	右側の臀部を前に出してもらう	左に体重をかけ、右側を軽くして行う		
6	麻痺側に立ち、左右の足を引いてもらう	左右の足がしっかり踏ん張れる位置まで引いてもらう		
7	利用者の患側の腰と大腿部（だいたいぶ）に手を置き、Ｓの字で立ってもらう	利用者の動きをじゃましないよう留意し、患側を保持しながら一緒にＳの字で立位になる		
8	利用者の顔色を確認し、不快がないか声をかける	顔面蒼白（がんめんそうはく）、不快がないか確認する		

職務にはげむことができます。

6～11 のケアや安全対策のための日常業務に関連するマニュアルは、OJT でバイジーが業務を覚えるまでの指導用に使用します。例えば、翌日が初めての早番勤務であるなら、マニュアルを見て予習し、終了後に振り返って記憶することができます。マニュアルは、業務を覚えてからも何度も確認するようにして、ケアのマンネリ化や不慮（ふりょ）の事故を防ぐようにします。そのために、Off-JT の定例研修で定期的に学習するようにします。

7のケアマニュアルについては、介護技術の種類ごとに手順書を作成します。具体例として、立ち上がり（端座位（たんざい）から立位）介助について、表 1-1-9 にまとめました。また、手順を示した文書だけでなく、フローチャートにした図や実際の写真を添えることで、さらに確認がしやすくなります。

❸ 業務マニュアルの作成・見直しの方法とポイント

規程やマニュアルを活用してケアの標準化にいかすには、介護現場の実情に沿（そ）った内容にする必要があります。また、忙しい業務の合間でも確認が必要になったときに、すぐに全体像や各業務の手順がわかるような表現にする必要があります。しかし、実

情に沿ったマニュアルを作成するには、ふだんの業務を分析し、それを文章化・図式化する必要がありますので、大変な労力と時間を要します。特にケアマニュアルを作成する場合は、標準的なケア方法が施設内で確立されていなければ、担当の職員間で話し合って新たに基準をつくるところからはじめる必要があります。

　ここでは、ケアマニュアルを中心にした作成の方法について紹介します。

1　新たに作成する場合

　新たに作成するときは、委員会やグループに分けて担当を決めます。最初からグループ内で討論して決めるのではなく、メンバーごとに担当を決めて各自が素案を作成し、それをもとに討論をして最終案を決定します。素案を作成する際に、マニュアルの文章表現に慣れていないと時間がかかったり、先に進まない場合がありますので、一つの介助を例にとってどのような文章表現にするのか、作成する前に全職員に指導する必要があります。近年では、内容や作成の方法を説明した書籍や、各都道府県社会福祉協議会のHP上に公開されているデータ等もありますので、自分が担当する部分を参考にして、ふだん実施している介助方法に合わせて修正します。

　また、作成する過程で迷ったら、相談し合うことでスムーズに進めることができるでしょう。前述したように、介助方法が標準化されていない段階では、個々の介助を擦り合わせて最適な介助方法を選択していく必要がありますので、話し合いの時間を十分とる必要があります。

　このようにして作成された素案をもとに、各グループで討論して修正案を作成します。ある施設では、最適な介助と思われるシーンをその展開ごとに写真に撮って、それを文章化して話し合いをしました。撮った写真はマニュアルに添付することもできました。

　最終的に、実際にグループ内のメンバー、または小規模な事業所では全メンバーが、マニュアル案をもとにして介助を実施する期間を設けます。記載の内容に誤りやわかりづらい点がないか意見を収集して、最終案を仕上げます。実務に沿ったマニュアルを作成するには、最低2か月、平均して3か月は要しますので、早めに準備したいものです。

　作成の手順とポイントを表1-1-10に示します。

2　見直しをする場合

　実際に全職員がマニュアルをもとにしてケアを実践できるようになると、ケアの質が高まるだけでなく、利用者や職員に安心感をもたらします。しかし、慣れてくると、

表1-1-10 ケアマニュアルの作成手順とポイント

	作成手順とポイント
1	介護技術ごとの委員会やグループを組織し、グループ内で担当箇所を決める。
2	日常の介助をマニュアルにするために、文章表現の方法を伝える。
3	担当箇所の素案を作成する。 ・日常行っている介助の方法を分析し、文章化する。特に注意をしたほうがよい箇所は、目立つように太字、マーカー等で強調する。 ・介助が標準化されていない場合は、最適な方法を互いに相談し合いながら文章化する。
4	委員会やグループで素案をもとに討論し、修正案を作成する。共通のフローチャートや図式、イラスト、写真等を添付して、一目でわかるような工夫をする。
5	委員会や研修会でマニュアル案を説明し、情報共有する。実際にマニュアルをもとに介助した結果から意見を収集し、最終案を作成する。

せっかく築いた方法が崩れてしまうことがあります。その一方で、介助の実施方法によりよい変容をもたらす場合もあります。

　マニュアルは作成したら終了するのではなく、常に業務やケアを実践する際によりよいケアを追求して見直す習慣をつくり、修正していくものです。見直す場合も作成時と同様に日常のケアを分析し、最適なケアを定めて文章化し、情報共有します。

　ある施設では、移乗や入浴などの基本的なケアマニュアルを小さく印刷して、各ページをラミネートでおおい、それに穴をあけてクリップで止めたファイルを、全職員が持ち歩いて確認する習慣が築かれています。実際に、このような体制が築かれると、話し合いの過程で職員間の関係性がよくなり、ケアの質の向上につながっていきます。外部から来た訪問者が、心地よい待遇を受け、利用者や職員がおだやかな表情で過ごすためにも、マニュアルをいかした実践が求められます。

引用文献
1) 老人保健福祉法制研究会編『高齢者の尊厳を支える介護』法研、57〜84頁、2003年
2) ドーン・ブルッカー、水野裕監修、村田康子・鈴木みずえほか訳『VIPSですすめるパーソン・センタード・ケア』クリエイツかもがわ、121〜129頁、2010年
3) 松沼記代「施設内研修におけるエスノグラフィーの効果に関する研究──介護職員の気づきの育成と行動変容を視点として」日本社会事業大学博士論文、7〜15頁、2011年
4) 大川弥生『介護保険サービスとリハビリテーション──ICFに立った自立支援の理念と技法』中央法規出版、56頁、2004年

参考文献
- 全国社会福祉協議会編『介護職キャリアパス対応 生涯研修課程テキスト 管理職員編』全国社会福祉協議会、2013年
- 守本とも子・星野政明編著『生活支援技術・介護過程』黎明書房、2010年
- 大川弥生『「よくする介護」を実践するためのICFの理解と活用──目標指向的介護に立って』中央法規出版、2011年
- 黒澤貞夫・鈴木聖子ほか『ICFをとり入れた介護過程の展開』建帛社、2007年
- 厚生労働省大臣官房統計情報部編纂『生活機能分類の活用に向けて──ICF（国際生活機能分類）：活動と参加の基準（暫定案）』厚生統計協会、2007年

第2節 接遇マナー

1 接遇とは

❶ 接遇の意味

　接遇は国語辞典によると「もてなすこと、接待すること」といった意味を表します。つまり、おもてなしの心で相手に接するという意味です。

　介護職にとっての接遇とは、利用者やその家族との関係を築き上げるために必要不可欠なスキルといえます。介護の専門職として、安全でより質の高いケアを提供することはもちろん大切ですが、相手と信頼関係を築き、利用者が安心できるよう支援することも、介護を提供するうえでは重要です。

❷ 求められる介護職の姿

　厚生労働省は、2009（平成21）年の介護福祉士の教育カリキュラムの見直しのなかで、「求められる介護福祉士像」（9頁の表1-1-4）として12項目を掲げています。

　介護職の独自性は、その人の人生、生活にかかわる仕事であることです。利用者との深い信頼関係を築き、人権意識や思いやりの心を深め、適切なコミュニケーションにより個別ケアや自立支援を実践します。

2 関係づくりの基本

❶ マナーの必要性

　マナー（manners）は行儀作法という意味で、「相手に不快感を与えないための最低限のルール」です。マナーは仕事の潤滑油ともいわれ、周囲への気配りや心配り、目配りなどがあります。利用者やその家族との関係においても、同僚や他職種との関係においても、よい人間関係づくりができなければ、よい介護ができません。相手との距離を縮め、安心できる介護を提供するためには必要不可欠です。

❷ 身だしなみと相手に与える印象

　身だしなみは相手への敬意を表すものであり、人の第一印象を決定づける要因といわれています。1971 年、アメリカの心理学者であるメラビアンは<u>メラビアンの法則</u>「3V の法則：7―38―55 ルール」（表 1-2-1）を提唱しました。人の第一印象は、見た目や表情などの視覚情報と声のトーンや口調などの聴覚情報によって、93％が決定するというものです。視覚情報には、態度や動作もあります。

① 相手に安心感を与える表情

　表情はその人の気持ちが顔など外部に現れたものであり、介護職の基本となるものは何といっても笑顔です。笑顔はやる気を刺激し、モチベーションをアップさせます。シュロスバーグによる表情研究では、笑顔は軽蔑や驚きの表情と似ていて、誤解されやすいともいわれています。目尻を下げ、口角を上げ、つくり笑顔でなく自然な笑顔で誤解を生まないように注意する必要があります。

表 1-2-1　メラビアンの法則「3V の法則：7―38―55 ルール」

- 7％が "Verbal"（言語情報：言葉そのものの意味・話の内容等）
- 38％が "Vocal"（聴覚情報：声のトーン・速さ・大きさ・口調等）
- 55％が "Visual"（視覚情報：見た目・表情・視線・しぐさ・ジェスチャー等）

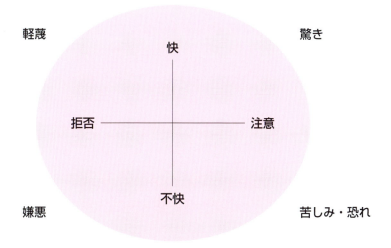

図 1-2-1　表情の遠近関係

出典：諏訪茂樹『対人援助とコミュニケーション 第 2 版――主体的に学び、感性を磨く』中央法規出版、61 頁、2010 年

表 1-2-2　かかわりを示す五つの基本動作（SOLER）

	動作・姿勢	サインの例
S（Squarely）	利用者とまっすぐ向かい合う	横並びや前後でない対面 全身が見える適切な距離
O（Open）	開いた姿勢	腕や足を組まない 耳を傾ける
L（Lean）	相手に身体を少し傾ける	少し前屈みになる 直立不動ではない
E（Eye Contact）	視線を合わせる	視線を見下ろさない じっと見つめないで視線を外したりする
R（Relaxed）	リラックスして話を聴く	自分の緊張を解いて、相手の緊張を受け止める

2 相手に関心を示す態度・動作

　人と接するときには目線を同じ高さに合わせ、視線を合わせたり外したりします。動作は、動きのある身体反応であり、腕組みは相手に不安や恐れといった感情を抱かせます。姿勢は動きのない静的な身体反応で、第一印象をさわやかにすることが大切です。イーガンは、「私はあなたに十分に関心をもっています」と相手に自然に伝える動作や姿勢として、英語の頭文字をとってSOLER（ソーラー）を提唱しました。主な内容は表 1-2-2 のとおりです。

❸ あいさつの基本

　あいさつは対人関係のはじまりです。あいさつの5原則として、①心をこめて、②相手の目を見て、③大きな声ではっきりと、④自分から、⑤声かけに対して返事をする、があります。あいさつの基本姿勢は図 1-2-2、お辞儀の基本姿勢は図 1-2-3 のとおりです。丁寧なお辞儀のポイントとして表 1-2-3 の5項目があります。

❹ ホスピタリティ

　ホスピタリティとは、心からのおもてなしを意味します。おもてなしは、日本古来の文化として、茶道でも表現される"侘び寂びの心"であり、表に出すぎないひかえめなものです。その場にいない相手をお迎えするにあたり、心をこめた準備を目に見えるものとして表します。そのための努力は微塵も表に出さず、主張せず、もてなす相手に余計な気づかいをさせないことが、おもてなしの本質です。利用者やその家族、同僚など仲間を含めて相手を大切に思う心を、言葉や態度、雰囲気、環境整備等に表すことが大切です。「もし、自分が困っていたら」「もしかしたら、こんなことを望ん

図 1-2-2 あいさつの基本姿勢

【前から見た例】
・両肩の高さを同じにする
・両肩から胸にかけて面積を広げるイメージ
・肩の力を抜く
・指先はそろえて体に沿わせる
・膝をつける
・かかとをつける
・つま先は少し開く（女性 15 度、男性 45 度程度）

【横から見た例】
・背筋と目線をまっすぐにする
・首が前に出ないように頭を後ろに少し引く
・あごは上げすぎたり下げすぎたりしない
・おなかは引っ込める

図 1-2-3 お辞儀の基本姿勢

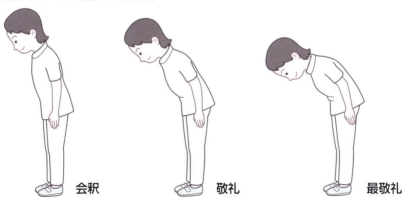

会釈　　　敬礼　　　最敬礼

表 1-2-3 丁寧なお辞儀のポイント

①足をきちんとそろえ、まっすぐ立つ。
②腰を支点に上半身を前に傾ける。
③体を傾けたとき、いったん動きを止める。このとき背筋はまっすぐにし、頭だけ下げない。
④女性は前で組み、男性は太ももの横につける。
⑤上半身を倒したときよりもゆっくりと起こし、相手の目をもう一度見る。

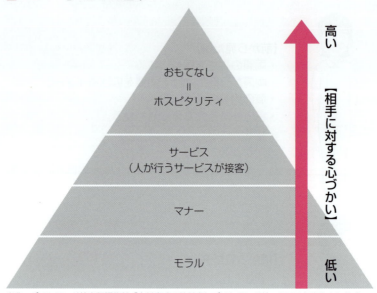

図 1-2-4　心づかいの基本

出典：ダイヤモンド社出版編集部『人材育成の教科書』ダイヤモンド社、2015年をもとに作成

でいるのかしら」などと思いやる気持ちであり、相手を思う自分の心が出発点となります。相手の価値観に合わせて、「どうしたらその人に喜んでいただけるか、満足感を覚えていただけるか」を常に考え行うことが「おもてなし」であり、最上級の心づかいです（図 1-2-4）。

3　介護における言葉づかい

❶ 敬語の種類と使い方

1 丁寧語：会話を丁寧にする表現

相手に丁寧に表現する言葉づかいです。語尾に「～です」「～ます」「～ございます」など、語頭に「お～」「ご～」などをつけます。

2 尊敬語：相手側の動作や状態につけて相手を敬う表現

相手の動作や状態などを高めて表現する言葉づかいです。語尾や語頭に「～れる」「～られる」「お～になる」「ご～なさる」「～していただく」などをつけます。

3 謙譲語：自分側の動作や状態につけて相手を敬う表現

相手を高めて表現する、自分の行為を丁寧に表現する言葉づかいです。語尾や語頭に「〜させていただく」「お〜する」「お（ご）〜いたす」などをつけます。

4 職場での呼称

利用者やその家族には「〇〇さん（様）」、同僚や後輩には「〇〇さん」、上司や先輩には「〇〇さん」「〇〇施設長」など、他職種には「〇〇さん」「〇〇先生」などと呼びかけます。自分の呼称には「わたし」「わたくし」を使います。続柄の呼称については、表 1-2-5 のとおりです。

❷ クッション言葉

クッション言葉は、話の中に入れることで印象をやわらげる言葉です。会話やその場の雰囲気がやわらぎ人間関係が円滑になります（表 1-2-6）。

表 1-2-4　敬語の用例

	尊敬語	謙譲語	丁寧語
言う	言われる、おっしゃる	申し上げる、申す	言います
聞く	聞かれる、お聞きになる	お聞きする、うかがう	聞きます
見る	見られる、ご覧になる	拝見する	見ます
知る	ご存じ	存じ上げる、存じる	知ります
食べる	召し上がる	いただく、頂戴する	食べます
行く	行かれる、いらっしゃる	参る、うかがう	行きます
来る	いらっしゃる、お越しになる	参る、うかがう	来ます
会う	お会いになる	お目にかかる	会います
する	なさる、される	いたす	します
いる	いらっしゃる、おいでになる	おる	います

表 1-2-5　続柄の呼称

自分側	相手側
父	お父様
母	お母様
両親	ご両親
夫	ご主人、旦那様
妻	奥様
息子	息子さん、ご子息
娘	娘さん、お嬢様

表 1-2-6　クッション言葉の例

＜依頼する場合＞ 　「恐れ入りますが」「お手数ですが」「ご迷惑をおかけいたしますが」など ＜尋ねる場合＞ 　「失礼ですが」「おたずねしたいことがありますが」など ＜断る場合＞ 　「残念ですが」「申し訳ありませんが」など

❸ 心配りを示す好ましい言葉づかい

① 依頼・了承を得る表現

　「～していただけますか」「～しましょうか」などを語尾につける。

② ポジティブな表現

　「～しましょう」「～なら、～できます」などを語尾につける。

③ 相手を受け入れる表現

　「そのとおりですね」「そうですか」などの相づちを入れる。

④ 相手中心の表現

　「何がお好みですか」「いつでもおっしゃってください」などの会話を入れる。

⑤ 安心感を与える表現

　「大丈夫ですよ」「すぐに行きます」などの言葉を入れる。

⑥ 予告の表現

　「今、取り替えます」「こちらに動かしますね」などの声かけを入れる。

❹ 尊厳を損ねる言葉づかい

　尊厳を損ねる言葉づかいは避けましょう（表 1-2-7、表 1-2-8）。

表 1-2-7　尊厳を損ねる言葉づかい

指示・命令・否定する表現	「～してね」「ダメじゃないですか」「ちょっと待ってて」という表現は使わない。
馴れ馴れしい表現	「ごはんだよ」「あのね」という表現は使わない。
ネガティブな表現	「汚い」「重い」「どっこいしょ」という表現は使わない。
自分中心の表現	「早く！」「まだ？」「いち、にの、さん」「せーの」という表現は使わない。
カタカナ表現	「マジ？」「コールしてください」という表現は使わない。
プライドを傷つける表現	「～してあげる」「来てあげる」「よくできました」という表現は使わない。

表 1-2-8　好ましくない言葉と好ましい言葉の例

好ましくない言葉	好ましい言葉
ちょっと待ってください。	お待たせいたしました。 少々お待ちください。
わかりました。 うん、わかった。	はい、かしこまりました。 はい、そうでしたか。承知いたしました。
具合、どう？	調子の悪いところはございませんか？ ご気分はいかがでしょうか？
何か用？	どうなさいましたか？　遠慮なくお申しつけください。 何か、お困りのことがございますか？
今すぐ来ます。	今すぐ参ります。 ただ今、向かっております。 恐れ入りますが、ただ今確認してまいります。
また電話してもらえませんか？	恐れ入りますが、今一度ご連絡をいただけますでしょうか？
はい、あります。	はい、ございます。 はい、用意が整っております。
トイレ行こうか？　行く？	トイレにご一緒させていただいてもよろしいでしょうか？ トイレに行かれますか？
どう、眠れた？	ご気分はいかがですか？ 昨晩はよく眠れましたか？

参考文献

- 諏訪茂樹編著、大谷佳子『利用者とうまくかかわるコミュニケーションの基本』中央法規出版、2007年
- 諏訪茂樹『対人援助とコミュニケーション　第2版――主体的に学び、感性を磨く』中央法規出版、2010年
- 介護福祉士養成講座編集委員会編『新・介護福祉士養成講座5　コミュニケーション技術　第3版』中央法規出版、2016年
- 松井奈美編『最新介護福祉全書④　コミュニケーション技術　第2版』メヂカルフレンド社、2014年
- 田中千恵子『介護福祉スタッフのマナー基本テキスト』日本能率協会マネジメントセンター、2006年

第3節 効果的なコミュニケーション

1 効果的なコミュニケーションとは

❶ 介護現場における効果的なコミュニケーションとは

　介護現場で尊厳を支えるケアを実践する際には、介護職と利用者とのコミュニケーションが基本となります。例えば、利用者にリハビリテーションや活動を促す際は、利用者への適切な声かけや支持的な態度が必要になります。日頃からコミュニケーションが図られ、信頼関係が築かれていれば、利用者も安心して参加することができます。また、はげまし合える利用者の仲間がいれば、参加意欲も高まり日常生活も楽しく過ごすことができるでしょう。

　さらに、一つの理念や目標に向かってチームケアを実践する際にも、職員間のコミュニケーションが基本となります。介護職同士、介護職と他の専門職、介護職と運営者とのコミュニケーションが効果的に進められることにより、情報の共有や信頼関係が築かれ、尊厳を支えるケアが実現できます。

　以上の内容を踏まえて、介護現場におけるコミュニケーションを定義すると、「介護職と利用者、介護職同士、介護職と他の専門職など、対象者同士がお互いに送り手・受け手となって、メッセージを適切に伝達し合い、共有すること」となります（図1-3-1）。

図 1-3-1　コミュニケーションの構成要素

利用者・家族・介護職　送り手 ── メッセージ1 ──▶ 受け手（理解力）　介護職（自分）
　　　　　　　　　　受け手 ◀── メッセージ2 ── 送り手（表現力）

表 1-3-1　コミュニケーションの種類と手段

種類	方法・手段・媒体
言語的コミュニケーション	あいさつ、会話、声かけ、メール等のSNS、手紙、手話、点字
非言語的コミュニケーション	視線、目の動き、顔の表情、態度、ジェスチャー、タッチ、距離、ミラーリング
準言語的コミュニケーション	抑揚、強弱、速さ、リズム、間、ペーシング

❷ コミュニケーションの種類と方法

　介護現場では、あいさつや会話、報告や連絡、相談や指導、依頼、説明、承認をするときなどにコミュニケーションが用いられます。コミュニケーションには言語・非言語・準言語があって、それらの表現方法や内容によっては個人差が生じます（表1-3-1）。

　コミュニケーションにおける個々の相違は、性格、生活歴、思考方法、価値観、嗜好などの個人がもつ特性によって生じます。性格以外は育った環境からの影響を大きく受けていて、通常は無意識に表出されます。

❸ 効果的な表現方法

　その場に適した対応ができると、利用者や他の職員と信頼関係が築きやすくなります。そのためには、相手のメッセージを正確に理解し、自分の思いやメッセージを適切に表現する必要があります。以下にまとめた言語・非言語・準言語の特徴を参考にして、自分自身や他者の特性を把握してください。

1 言語的コミュニケーション

　表1-3-2に言語的コミュニケーションの効果的な表現方法についてまとめましたので、自分はどれくらい達成できているか評価してみましょう。

表 1-3-2　言語的コミュニケーションの効果的な表現方法と内容

表現方法	効果的な表現方法の内容	評価
あいさつ・声かけ	適時にあいさつや利用者への声かけができる	
5W1Hの文章表現	わかりやすく話せる、説明できる	
尊敬語・謙譲語等の使用	適切に尊敬語・謙譲語・丁寧語を使える	
語彙の量	語彙が豊富であり、的確な表現ができる	
論理的・客観的視点	論理的・客観的に話すことができる	
称賛の言葉	気軽に褒めることができる	
ユーモアのある言葉	ユーモアのある言葉で、場をなごますことができる	
カウンセリング的な言葉	カウンセリング的な話し方ができる	

2 非言語的コミュニケーション

　表情や態度・動作などの非言語的方法でメッセージを伝えることを、非言語的コミュニケーションといいます。通常、話しているときは言語と非言語で同じメッセージを発しているものですが、非言語で異なるメッセージを発する場合があります。例えば、利用者が「もう家族なんて来なくていいのです」と言って、さびしそうな表情をしていたら、その真意は「来てほしい」ということがわかります。このように、言葉は本音ではない思いが発せられる場合がありますので、無意識に表出される非言語で本音や真のメッセージを把握する必要があります。

　会話を伴わない対人距離や触覚・嗅覚作用、人工物の使用などは、無言で現在の思いや状態を表出しています。利用者や他の職員との非言語的コミュニケーションから真のメッセージを理解するのと同時に、自分自身の特性を把握して他者に誤解を与えないようにする必要があります。表1-3-3を使って他者や自分の表現方法の特性を評価しましょう。

3 準言語的コミュニケーション

　準言語とは、言葉を発するときの声や音の強弱、長短、抑揚、発話の速さなどの語調のことをいいます。準言語は非言語に含めることがあり、無意識のうちに言葉と異なるメッセージを表出する場合があります。例えば、表1-3-4のように声の強弱を変えて言ったときに、どのように印象が変化するか考えてみましょう。

　Aの場合は淡々として早口であるために、機械的で事務的な印象を与えます。Bの場合は語頭や語尾が強調されることにより、威圧的で怒っているような印象を与えます。Cの場合は語尾を少し上げて伸ばし気味にすることにより、好意的で優しい印象

表 1-3-3　非言語的コミュニケーションの表現方法と内容

表現方法	安定・快行動	不安、不快行動	評価
対人距離	適度な距離、近い、近寄る	離れる、避ける、近づき過ぎる	
動作・態度	適切な態度、リラックスした態度、うなずき	姿勢のかたより、身体の強張り、防衛的態度、傲慢な態度、攻撃的・暴力的行動	
表情	自然、おだやか、笑顔	険しい、ゆがみ、強張り、無表情	
視線・視点	自然、おだやか、合わせる、力強い、見つめる	上目・伏目がち、避ける、ぼーとする、瞳孔が広がる、不安定、目をそらす	
接触	適度な接触、抱きしめる	接触を避ける・嫌がる	
触覚	平熱、適度な弾力	震え、熱、多汗、浮腫、かたい	
嗅覚	無臭、心地よい香り	口臭・体臭（内臓疾患のサイン、入浴の有無他）、排泄サイン等	
人工物	適切な服装、おしゃれな装い	身なりを気にしない、不潔な服装	

表 1-3-4　語調（音の強弱・長短）の相違

A「イトウさん、おはようございます。」（淡々と、少し早めに言う）

B「イトウさん、おはようございます。」（●の部分を大きな声で強めに言う）

C「イトウさん、おはようございます。」（―の部分を少し上げて伸ばし気味に言う）

を与えます。あいさつや会話をするときに、自分はふだんどのような語調なのかを振り返り、A や B のパターンに該当する場合は、意図的に C のパターンで言うようにしてみてください。

ただし、緊急時や事務的な報告をするときは、感情を抑えて淡々と話す A のパターンのほうが適しています。会議や交渉、研修の講師をするときなどは、B のように語頭と語尾を強めに言うことで、強調したい内容が伝わりやすくなります。このように、語調の特性を理解して意識的に使うことで、その場に合わせた対応ができるようになります。

❹ 適切に理解するためのポイント

効果的なコミュニケーションを実践するには、相手の真意やニーズを適切に理解する必要があります。ここでは、そのためのポイントを示します（表 1-3-5）。

表 1-3-5 適切に理解するためのポイント

■共感的に理解する
○同じ体験・経験をしたときの感情を想起して、理解する 　成功体験（達成感）、喪失体験、恐怖体験など実際に経験したときの感情を想起して、相手の気持ちを理解する。 ○似た体験から想像力を使って理解する 　同じ体験をしていない場合は、似た体験や本・ドラマ等をとおして擬似的に生じた感情を想起して理解する。「自分が同じ立場になったらどう感じるか」と想像して、理解する。
■文脈をとおして真意や本音を読み取る
○利用者が急に機嫌が悪くなった場合、機嫌が悪くなったときやその前に何があったかについて時間の流れのなかで分析する。また、今後の予測を立て、現在すべきことを考える。過去・現在・未来という時間の流れのなかで、相手の真意や本音を理解する。
■適切な理解を阻む要因を回避して理解する
○思い込み（自動思考・先入観）をなくして理解する 　「あの人は○○だ」「何もできない人だ」などと、相手を先入観で決めつけずに理解する。自分の判断基準や考え方が間違っていないか客観視して、相手の状況を理解する。 ○価値観や好き嫌いの相違を理解する 　自分の価値観や好き嫌いのタイプで相手を判断しないようにする。そのために日頃から自分の価値観や好き嫌いのタイプを自己覚知しておく。

2 気づきの育成

❶「気づき」の意義と定義

1 介護現場で「気づき」が必要な理由

　同じ空間にいて同じ事象をみていても、変化に気づく人と気づかない人がいますが、その相違はどこから生じるのでしょうか。表1-3-6 の事例にあるような介護職は、異なる問題をかかえているようにみえますが、基本的には気づきの有無が要因となっています。どのような点で気づきと関連しているのか考えてみましょう。

　認知症高齢者の対応が上手な介護職は、個々の利用者の特性をよく記憶していますので、気難しい利用者に対してもうまく対応します。その理由は、日頃から他者の特性に興味をもち、共感的に他者と接しているからです。特に認知症高齢者のケアは、共感的な理解や想像力・判断力が必要とされ、最も気づきの能力が求められます。相手の言動を理解し、適切に対応するコミュニケーション能力は気づきそのものです。

　気づきのある介護職が介護現場に増え、お互いに思いやりをもって働く職場になれ

表 1-3-6　気づきのない介護職の行動例

①認知症高齢者の行動・心理症状（BPSD）にうまく対応できない。
②事故の発生が多く、利用者からの苦情も多い。
③あいさつを含めて、利用者や他の職員とのコミュニケーションが苦手である。
④他人の意見を聴こうとせず、一方的に意見を言う癖がある。
⑤利用者や他の職員が一生懸命に努力している姿を見ても、褒めることがない。
⑥日誌や計画等の記述した内容が、表面的で必要なことが記されていない。

ば、職場内の人間関係だけでなく、環境面にも目が届くようになり、利用者・介護職の両者にとって居心地のよい空間になるはずです。

2 「気づき」とは

気づきはどのようにはたらくのか、そのメカニズムについて考えてみましょう。気づきが生じるには、最初に「あれ？」「どうしたのだろう？」「あっ、そうか！」など、遭遇した事象（体験）に対して感情体験が起きるかどうかが鍵となります。感情体験はその事象に対して「興味・関心」をもつことから生じ、危険を察知した場合には不安感や警戒心を、よい徴候を見たときには驚きや期待感を想起させ、介入が必要と瞬時に判断した場合、次の段階の思考に移行します。思考の段階では、感情体験で感じた不安や驚きがどこから生じるのか概念化し、過去・現在・未来に当てはめて分析します。最終的に、最適な対応方法について判断して、気づきのある行動へと結びつけます。

図 1-3-2 は、それぞれの段階で前提条件となる能力や要素について示しています。各段階では、共通して介護の専門知識と利用者の特性に関する情報がもととなります。日常的に収集した情報にもとづく体験の小さな変化が感情体験（警戒心や期待感）を

図 1-3-2　気づきの過程と必要な要素

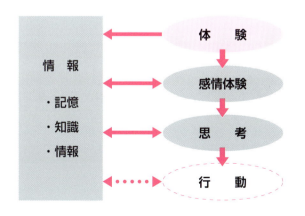

起こし、思考の段階で深く柔軟に考えるもとになります。一つの気づきの体験は、情報として蓄積され、次の気づきの体験に結びついていきます。

❷「気づき」が必要とされる場面

施設等で気づきが必要とされる場面として、「介護・業務場面」「ケアプラン・各種計画書・日誌等の作成時」「会議・研修・面接時」の三つのパターンが想定されます（図1-3-3）。それぞれの場面における気づきの概要と、必要な能力について考えてみましょう（表1-3-7）。

1 介護・業務場面での気づき

実際に介護や業務をしている場面で、その場にいる人や介護、業務、環境等に対して気づきが生じます。気づきによって、その介護や業務は解決を必要とする問題をかかえているのか、または利用者の期待に値するものなのかを瞬時に判断して、的確に対応します。例えば、利用者のADL（日常生活動作）の介助をしているときに、本人の状態の変化や介助方法の問題点に気づくことがあるでしょう。また、認知症の人の背景を知り、その人に合った活動に誘うと、できることがたくさんあることに気づきます。業務や環境面にも注意を向ければ、問題点に気づくことができます。

図1-3-3 介護職の「気づき」が必要とされる場面

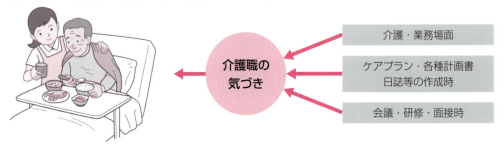

表1-3-7 気づきが必要とされる場面と必要な能力

	介護・業務場面	ケアプラン・各種計画書・日誌等の作成時	会議・研修・面接時
必要な能力	問題をとらえる能力 状況を判断する能力 表現・行動する能力 問題を分析する能力	観察・理解する能力 分析・想像・創造する能力 創造・文章化・伝達する能力 分析・概念化・言語化	自分に置き換える能力 話や意見の理解力 意見の発言力 分析・要約・言語化

2 ケアプラン（施設サービス計画）・各種計画書・日誌等の作成時での気づき

ケアプラン・各種計画書・日誌等を作成する場面では、瞬時というよりもじっくり考える過程で気づきが生じます。作成時には、これまで観察し把握した情報から過去や現在の状況を振り返り、問題点やよかった点を分析します。続いて、今後の対応について多角的・総合的に判断し、伝達する表現内容を決定しますが、これらの一連の過程で気づきが必要とされます。ここで熟考した内容は、介護現場や会議等の場で次の気づきにつながっていきます。また、作成の過程で他者の意見を聴いたり、本を調べることなどにより新たな気づきが生じます。

3 会議・研修・面接時での気づき

会議や研修の席で伝えられる内容を、自分自身のこととして置き換えて考えられれば、理解度が増し、新たな気づきが得られます。反対に他人事として聞いていれば、何も気づくことはありません。気づいて得た情報やもともと蓄積していた情報は、それぞれの関心事により異なりますので、会議等で意見交換をすることにより、さまざまな角度から気づきを得ることができます。このような気づきを重ねていくことにより、職員全体の質を高めることができます。

❸「気づき」の育成と学習方法

ここでは、気づきを育成するための学習方法と内容を紹介します。

1 気づきのレベルに応じた学習の方法

気づきを育成するには、対象となる職員の能力を把握したうえで、レベルに応じて学習方法を選択する必要があります（表1-3-8）。例えば、実証体験が少なく他者へ

表1-3-8　気づきのレベルに応じた学習目標と学習方法

レベル	学習目標（求められる能力）	学習方法
体験	自己開示・自己表現ができ、他者や事象への関心を高める	実証体験、他者理解、自己覚知、注意力訓練
感情体験	他者の現状や事象の変化を把握し、共感する能力と姿勢を習得する	共感体験、コミュニケーション訓練、価値観交流
思考	多角的に事象をとらえ、分析・判断する能力を習得する	思考訓練（プロセスレコード）
行動	気づいた内容を、適切に表現・対処する能力を習得する	表現力訓練、アサーション

表 1-3-9 気づきを育成するための学習方法と内容

	学習方法	学習体験・学習内容
実証体験	要介護者体験	半日か1日、紙おむつを実際につけて過ごす、車いすに座って過ごす、誰とも話さないで過ごすなど要介護者の体験をする。
	注意力訓練	リスクがひそんでいる介助場面や環境面の写真・イラストをつかって、気づきが必要なポイントについて把握する。
他者理解	1分間の質問	2人ずつペアになって、質問者と回答者を決める。1人1分間相手に質問した後、役割を交代する。質問者は聴き役に徹する。
	特性の理解	2人の利用者を選んでおき、参加者に2人に関する10項目の質問に解答させる。　別冊PDF有
	賞賛シャワー	1グループ4～6人に分かれ、1人が立って対象者となる。対象者のよいところをメンバー全員が一言ずつ伝えて1周する。
自己覚知	ライフヒストリーによる自己覚知	育った環境や重要な出来事により、どのように価値観が形成され現在に至っているのか自己覚知する。　別冊PDF有
	自分の特徴の理解、受容	自分の長所・短所を内面と外面に分けて列記する。その特徴を、自分自身はどのように感じているのか考える。　別冊PDF有
	自分の能力評価	介護職として習得するべき知識、技術・倫理観がどの程度習得できているのか、評価シートを使ってチェックし、次の目標につなげる。リーダーやスーパーバイザーからも客観的な評価を受ける。　別冊PDF有
共感体験	カウンセリング的態度の習得	2人1組になってカウンセリング体験をする。カウンセラー役は傾聴技法（うなずき・繰り返し）と共感技法を習得する。　別冊PDF有
	価値観交流（表1-3-13）	1グループ4～6人に分かれ、1人のリーダーを決める。最初に提示された価値観の一覧（19項目）から個々に1～3位まで優先順位をつけ、次に話し合ってグループの優先順位を3位まで決める。他者の価値観の選択理由を聞いて、他者の想いを理解する。　別冊PDF有
思考訓練	職員のケアの分析	業務中に気になった他の職員の「感心したケア」と「不快に感じたケア」を1例ずつ選び、プロセスレコードに時系列に記述し、その言動の背景や要因について考察する。　別冊PDF有
	ストレングス視点の習得	1つの困難事例を読み、文脈から状況を把握する。事例対象者の課題と今後の対応をストレングス視点から分析する。　別冊PDF有
表現力訓練	アサーション訓練	相手の権利を尊重しながら、「断る、注意する、依頼する、苦情を言う」等の表現方法を習得する。　別冊PDF有
	ユーモアセンスの習得	いくつかの会話場面を設定し、場の雰囲気をなごませる言葉を考えてから、発表する訓練をする。

※表中に「別冊PDF有」と記された学習方法については、「別冊 人材育成プログラムの手引き」（PDF）で説明しています。

の関心が低い職員にいきなり思考訓練をしても、深い分析をすることはできません。このような場合は、体験レベルの実証体験や他者理解から始めます。同様に他者への関心はあっても共感力が低い場合は、感情体験レベルの共感体験からはじめるといったように、能力に応じて学習方法を選択します。

2 気づきを育成するための学習方法と具体例

気づきを育成するための具体的な学習の内容を、表 1-3-9 に示しました。ほとんどの学習が気づきを実感するために、ワーク（演習）形式になっています。各ワークの後に感じたことや、わかったことなどを記述したり、発表したりするとよいでしょう。

3 適切な自己表現（アサーション）と文章表現の方法

❶ アサーティブな自己表現の習得

1 アサーティブ（適切）な自己表現とは

介護現場で働くうえでの悩みとして、「ケアの方法等について意見交換が不十分であること」「自分と合わない上司や同僚がいること」が毎年の全国調査で上位にあがっています。この内容は離職理由とも一致しています[1]。本来は不平不満があれば、相手に直接伝えればよいのですが、「きっと怒らせてしまうだろう」「どうせ言っても変わらないだろう」と考えて、何も言えないまま我慢してしまうケースが多いと考えられます。

このような問題を解決するために、相手にも権利があるということを認めながら、自分が伝えたいことをしっかりと伝えるためのコミュニケーションスキルとして、アサーションが発案されました。アサーションでは、人の表現方法を三つのタイプに分けて、アサーティヴな自己表現ができるようにトレーニングを行います（表 1-3-10）[2]。

2 アサーションではない状態が続くことの弊害

非主張的でもともと受け身なタイプですと、相手から不躾な態度を取られても、不快に感じないという人もいます。しかし、不快感や不満がある場合、図 1-3-4 のように最終的に相手を恨んだり、自分を責めるなどして病気につながってしまうこと

表 1-3-10 自己表現のタイプと行動パターン

タイプ	主な自己表現と行動のパターン
非主張的な自己表現	言うべきことを言わずに我慢してしまう、受身的な自己表現
攻撃的な自己表現	言うべきことを過剰に言い過ぎてしまい、そのことで相手の権利を犠牲にしてしまう自己表現
アサーティヴな自己表現	言うべきことをはっきりと言い、しかも相手の権利も尊重する自己表現

図 1-3-4 非主張が続いた場合

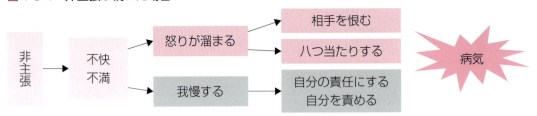

図 1-3-5 攻撃的主張が続いた場合

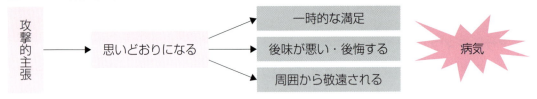

表 1-3-11 自己表現のタイプチェック

	具体例	タイプ
1	事務用品を使ったら、そのまま片づけずに出したままにする職員がいました。後で使うときに困るため、きちんと片づけてほしいと思っています。	非・攻・ア
2	外に出ようとする認知症の利用者に対して、同僚の職員が「出ちゃダメでしょ！」と一方的に叱っているのを見て、注意したいと考えています。	非・攻・ア
3	急用が入ってしまったために、次の日曜日の日勤を先輩のAさんに代わってもらいたいと考えています。	非・攻・ア
4	会議の席で、ふだん考えている問題がテーマにあがりました。意見を言いたいと考えています。	非・攻・ア
5	同僚がレクリエーションの担当をしたときに、参加した利用者が大変楽しそうにしていました。あなたもその同僚はレクリエーションの援助が上手だと感じています。	非・攻・ア

になります。

攻撃的主張タイプの人は、図1-3-5のようにふだんから「思いどおりにしたい」と考え、強制・支配的に主張しますので、一時的な満足は得られても、結果的に自己嫌悪に陥ったり、気づかずにいると相手から敬遠されてしまうことになります。最終的に孤独感を覚えたり、思いどおりにならなくなることでストレスをかかえ、病気になってしまうことになります。

❷ アサーション・トレーニング

表1-3-11の例では、「依頼する」「注意する」「断る」「意見を言う」「褒める」ときの場面が設定されています。相手の立場を尊重して自分の伝えたいことを、アサーティブな表現でどのように伝えたらよいか、2人1組になってそれぞれの立場（する側・される側）から考えてみましょう。「相手の立場を尊重する」ということは、相手の立場になって考えることからはじまります。

❸ カウンセリング的な表現の習得

介護者として受容や共感的な態度を形成するには、カウンセリング的な技術を習得して応用できるようになることが必要です。ここでは、カウンセリングの手法のなかでも基本的な「促しの技法」「繰り返しの技法」「共感の技法」「解釈（要約）の技法」「質問の技法」について取り上げます。実際に2人1組になってロールプレイをしてみましょう。

「促しの技法」と「繰り返しの技法」は傾聴や受容的な態度につながるため、相手（話し手）も安心して話すことができます。聴き手である自分の発言は会話の1～2割にとどめ、相手がスムーズに話せるように促します。「共感の技法」では、相手が今どのような気持ちで話しているのか読み取って、その感情に相当する言葉（うれしい、悲しいなど）を相手に伝えます。聴き手から共感されることによって、自分の感情を自覚し、今の状況を客観視することができます。

「解釈（要約）の技法」では、これまで話された内容について、聴き手が要約して現状とその要因を伝えることにより、話し手は自分の問題に気づくことができます。「質問の技法」は話のなかのわかりづらい部分を明確化する目的もありますが、最終的に自己決定できるように支援する方法としても用いることができます[3]。

表 1-3-12　基本的なカウンセリング技法

①促しの技法	うなずき、相づち、適切な質問などで利用者の話を促す。 相手：最近、なかなか寝つけないんです。　自分：そうなんですね。
②繰り返しの技法	利用者の言葉の一部、もしくは全部を繰り返す。 相手：昨夜も何度か寝返りをうち、何時間もしてからようやく眠れました。 自分：何時間もかかったのですね。
③共感の技法	利用者の感情を正確に把握し、その感情を表す自然な言葉で返す。 相手：このままでは身体を壊してしまいます。 自分：眠れない日が続くと、あせりますし、つらいですよね。
④解釈（要約）の技法	利用者の話の要点を因果関係で結びつけて返す。 相手：最近、なかなか寝つけないんです。家族から何の連絡もないんです。 自分：ご家族から連絡がなくて、夜も眠れないほど心配なのですね。
⑤質問の技法	開いた質問（5W1H）と閉じた質問（二者択一）とを使い分けて、利用者の主体的な思考や自己決定を支援する。 自分：ご自分からご家族に連絡を取られましたか？　相手：いいえ。 自分：どうすればよろしいと思いますか？ 相手：そうですね、私から連絡を取ってみるのも、一つの方法ですね。

❹ 価値観交流：自分の価値観の表明と他者の価値観の理解

　会議等で意見交換をする場合、「間違っているかもしれない」「論理的に伝えられない」等の理由から特に主張せず、攻撃的主張タイプの人の意見に押し流されてしまうケースがあります。しかし、攻撃的主張タイプの人だけの責任にするのではなく、非主張タイプの人が意見を言うことができるように配慮しながら、会議等を進行する必要があります。

　価値観の交流をとおして、自分の意見をはっきりと伝えることと、他者の価値観を聴くことによりさまざまな考えがあることを理解しましょう。最初に個々で、表1-3-13の19項目の価値観のなかから3項目を選択し、優先順位をつけ、価値観を選択した理由をそれぞれ記述します。次に4～6人のグループに分かれ、それぞれのグループ内で進行役を決めてから、グループの意見として話し合いで3項目を選

表 1-3-13　介護現場の価値観

①仕事の効率性　②利用者の尊厳を支える援助　③利用者が喜んでくれる援助 ④医療・福祉の専門知識　⑤利用者のQOL　⑥利用者の安全　⑦利用者のバイタルサイン ⑧職員の健康　⑨ルール・礼儀　⑩利用者の自立につながる援助　⑪楽しい職場環境 ⑫他の職員からの信頼　⑬上司からの信頼　⑭利用者のニーズへの気づき　⑮職場のチームワーク ⑯援助の公平性　⑰報告・連絡・相談（ほうれんそう）　⑱確実な介護技術　⑲その他

択し、優先順位を決定します。話し合いの際は、全員が意見を発表し、十分に意見交換ができるように配慮してください。グループごとの結果を比較すると、さらに視野が広がります。

❺ 適切な文章表現の方法

日々のケース記録や業務日誌は、利用者の言動や状態の変化、実施したサービス内容などを記述することにより、業務の振り返りや情報の共有、その日実施したケアサービスの証明になります[4]。

1 SOAPによる正確で客観的な表現方法

SOAPは、本来一つの事象ごとにS・O・A・Pの項目に分けて記述しますが、生活支援を中心とする介護記録では、正確で客観的に表現するための方法として、文章中に各項目を入れます。

表 1-3-14　SOAP の意味

S (Subjective)	主観的情報	利用者本人や家族が訴えていることをありのままに書く。言動のなかから、特に問題に思ったことを抽出する。発言は「家に帰りたい」「何だか身体がだるい」など口述的に記述する。
O (Objective)	客観的情報	利用者の行動、表情、顔色などを観察した結果を記述。抽象的な言葉は避ける。主治医や他職種の意見・情報等を出所とともに記入する。
A (Assessment)	判断・評価	SとOを統合して、自分がどう思ったか、感想や判断（真の問題点への気づき）、裏づけとなる客観的事実を記述する。
P (Plan)	計画	自分のとった対応や言動を記述し、今後どうするか（方針・計画）について記述する。

2 簡潔な文章表現のためのポイント

記録の際の文章表現のポイントを、表 1-3-15 にまとめました。文章表現が上手な職員の記録内容をモデルにして、その優れている点について考えてみましょう。

表1-3-15 記録の際の文章表現のポイント

①一文は2、3節にとどめ、5W1H（いつ（when）、どこで（where）、誰が（who）、なにを（what）、なぜ（why）、どのように（how））が含まれるようにする。
②語尾は過去形を標準（計画類以外）とする。
③慎重な表現にする。修飾語は適切か、人権を尊重した表現になっているかなどに配慮する。
④特殊な専門用語や俗語はできる限り避ける。
⑤誰のことを表すにも敬語を使う必要はない。
⑥書くことに苦手意識がある場合は、わかりやすい記録を参考にする。

引用文献
1) 介護労働安定センター「平成27年版 介護労働実態調査——介護労働者の就業実態と就業意識調査」88頁、2015年
2) 平木典子『改訂版 アサーション・トレーニング——さわやかな〈自己実現〉のために』金子書房、15～30頁、2009年
3) 諏訪茂樹『援助者のためのコミュニケーションと人間関係 第2版』建帛社、30～58頁、1997年
4) 介護福祉士養成講座編集委員会編『新・介護福祉士養成講座① 人間の理解 第3版』中央法規出版、191～194頁、2016年

参考文献
● 諏訪茂樹『対人援助とコミュニケーション』中央法規出版、2010年
● 岩本隆茂・大野裕・坂野雄二編『認知行動療法の理論と実際』培風館、1997年
● 介護福祉士養成講座編集委員会編『新・介護福祉士養成講座① 人間の理解 第3版』中央法規出版、2016年

第4節 介護職に必要な医学知識

1 からだのしくみとはたらき

❶ 人体の構成

人体は、大きく体幹と体肢に分かれており、体幹は頭部・頸部・胸部・腹部に区分できます。体肢は上肢（上腕・前腕・手）と下肢（大腿・下腿・足）に区分できます（図 1-4-1）。

図 1-4-1　人体の各部の名称

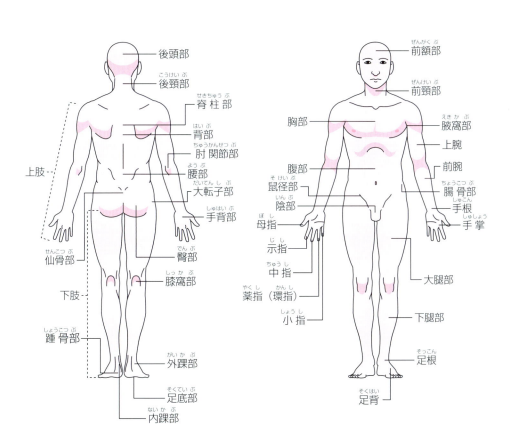

❷ 運動器系の構造とはたらき

1 骨

　私たちの骨格は約 200 個の骨からできており、頭蓋骨、脊柱、胸郭、上肢骨、手の骨、下肢骨、足の骨、骨盤から構成されています（図 1-4-2）。骨のはたらきとして、骨髄は血液をつくり出す造血組織として重要です。

2 関節

　骨と骨をつなぐ部分を関節といいます。関節には可動関節と不動関節があり、外側から靭帯によって包まれています。

　可動関節は運動のときに動かすことのできる関節のことをいい、肩関節、肘関節、手関節、股関節、膝関節、足関節等があります。可動関節の構造は、骨の断端が軟骨によっておおわれ、関節包に包まれています。関節の中は滑液で満たされています。これにより、関節をなめらかに曲げたり伸ばしたりできます。

　不動関節は、頭蓋骨や骨盤にみられる癒合して動かない関節のことをいいます。

3 骨格筋

　骨格の筋肉（骨格筋）は意識的に動かすことができる筋肉であることから、随意筋といわれます（図 1-4-3）。模様があるので横紋筋ともいわれています。

● 骨格筋のはたらき

　骨格筋はそのはたらきにより、速筋と遅筋と呼ばれる 2 種類の筋肉に分けられます。速筋は、素早く強い力で縮んだり伸びたりすることができます。そのため疲れやすく、長くはたらくことはできません。速くて大きな運動に適しています。遅筋は、ゆっくり弱い力で縮んだり伸びたりすることができます。そのため長い時間はたらくことができる筋肉です。姿勢を維持するのに適しています。

● 内臓の筋肉

　消化管や内臓の筋肉は平滑筋からできています。心臓の筋肉は心筋といいます。

● 随意運動と不随意運動

　自分の意思で動かせる運動を随意運動といいます。手足などを自由に動かせる運動です。深呼吸は随意運動です。

　不随意運動は自分の意思ではコントロールできない運動です。ふだん、呼吸は意識せずに不随意運動で維持されています。内臓の平滑筋や心臓の心筋なども、不随意筋です。

図 1-4-2　主な骨の名称

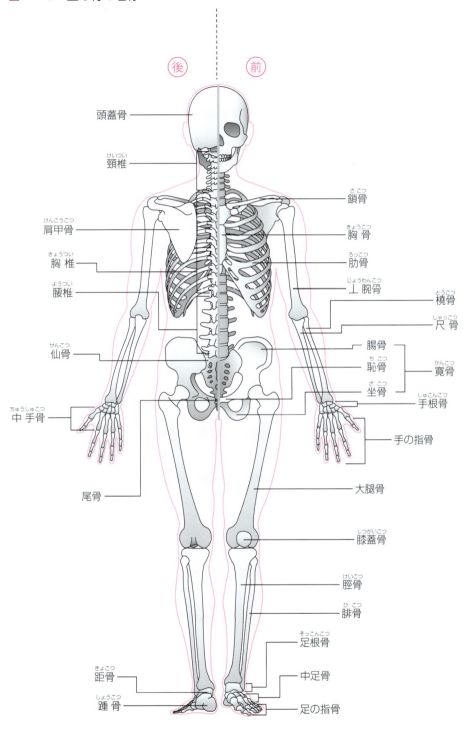

図 1-4-3　主な筋肉の名称

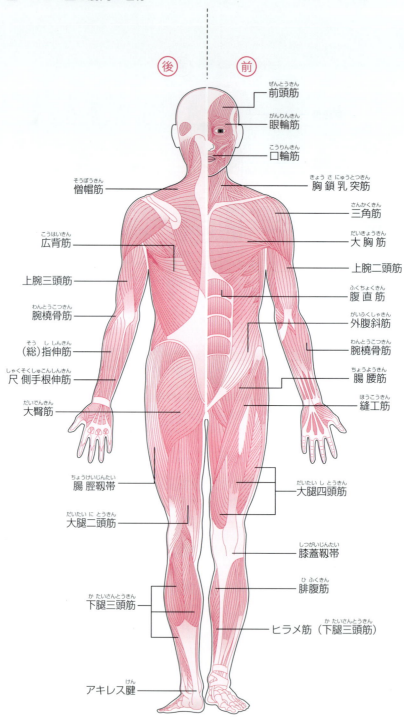

❸ 神経系のしくみとはたらき

中枢神経と末梢神経に分けられます。中枢神経は脳と脊髄をいい、脳は左・右大脳半球からなる終脳と間脳・中脳・橋・小脳・延髄に区分され、中脳・橋・延髄を脳幹といい脊髄は頸髄（頸部）、胸髄（胸部）、腰髄（腰部）、仙髄（仙骨部）に区別されます。末梢神経は、脳から直接出る脳神経（12対）と脊髄から出る頸神経（8対）、胸神経（12対）、腰神経（5対）、仙骨神経（5対）、尾骨神経（1対）があります。

1 神経のはたらき

神経のはたらきにより、筋肉の収縮で関節を曲げたり、伸ばしたりすることができます。関節が曲がるときは筋肉が収縮し、関節が伸びるときは逆のことが起きます。基本は曲げる筋肉と伸ばす筋肉が交互にはたらいている結果です。これを可能にしているのが、私たちの脳と運動神経、感覚神経による高度な連携です（表1-4-1）。

表1-4-1　神経と感覚のはたらき

感覚神経	末梢神経であり、身体で起きた情報を脊髄や脳に伝える。
運動神経	末梢神経であり、感覚神経の情報をもとに筋肉などを動かす情報を伝える。
皮膚感覚	触覚、温度感覚、痛覚がある。
深部感覚	筋肉、腱、関節にある感覚器が担当している。感覚神経は、深部感覚器の身体の運動や位置の変化を中枢神経（脳と脊髄）に伝える。
内臓感覚	私たちが感じる空腹感や満腹感、喉の渇き、吐気、尿意などを指す。性欲も内臓感覚に含まれる。感覚神経を介して脳、脊髄に信号が送られる。

2 反射システム

私たちは意識することなく、姿勢を維持したり、運動を続けたりすることができます。これは、皮膚感覚や筋肉、関節の感覚器、さらには耳の奥の内耳というところにある三半規管の情報や目から送られてきた情報を、脊髄や脳幹部という中枢神経で、無意識のうちに処理をして身体を制御しているためです。反射というのは、無意識のうちに生じる感覚と運動の連携システムです（表1-4-2）。

❹ 脳のしくみとはたらき

1 大脳皮質

大脳皮質は前頭葉、後頭葉、側頭葉、頭頂葉からできています（図1-4-4、表1-4-3）。これらに、私たちが学んだ知識や習得した技術を記憶していきます。また、新

しい知識や技術の習得により、古いものと置き換えることもできます。

表 1-4-2　反射システムの種類

脊髄反射	例えば、熱いものに手を触れたときに一瞬で手を引くという反射がある。熱さを感じた感覚神経が脊髄に情報を送り、直接この情報を脊髄レベルで運動神経に送る。その結果、無意識のうちに手が動く。
姿勢反射	・頭を動かしても文字が読めたりするしくみは、内耳（三半規管）のはたらきと目の動きが連動しておこる反射で、目は頭の動きと反対に動いて文字を見続けることができる。 ・立位保持は脊髄の反射でコントロールされている。脊髄では運動神経を介して筋肉に情報を伝え、関節は立ち続けるために必要な位置にあり続ける。

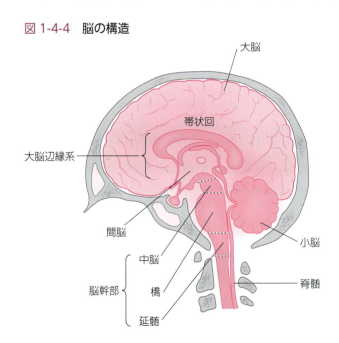

図 1-4-4　脳の構造

表 1-4-3　脳の部位とはたらき

前頭葉	運動機能、精神機能、運動性言語機能がある。意識や注意、精神機能、高度な運動をつかさどる機能がある。考えていることを言葉にする運動性言語中枢がある。
後頭葉	目から入った視覚情報を認識する機能をもつ。
側頭葉	記憶や物事の意味づけの中枢。後頭葉に入った情報は側頭葉と連動し、視覚情報に記憶情報、意味情報が加わっていく。そのときに記憶の中枢といわれている海馬がはたらく。感覚性言語中枢は、聞いた言葉を理解する。
頭頂葉	頭頂葉は体性感覚が集まる中枢。右の頭頂葉の重要な機能として、空間・場所の理解がある。左の頭頂葉は、字を書くこと、計算、左右の認識などにかかわる。

② 大脳辺縁系

　大脳辺縁系は前頭葉下面、海馬、帯状回、扁桃体、脳弓等の部分をさします。大脳辺縁系は、生後、社会環境のなかで育つ過程で得られた慣習や文化的なものが記憶される場所でもあるといわれています。情緒脳ともよばれていて、喜び・興奮・怒り・不安・不快その他の情緒的表現にたずさわったり、内臓の活動性をコントロールしたりします。前頭葉下面は、人の行動をコントロールします。海馬は記憶の中枢です。扁桃体は情動（快・不快、怒り・恐怖）を認識するところです。

③ 脳幹部

　脳幹部は生命維持に必要な血圧や呼吸、睡眠のコントロールなどを行うところです。大脳辺縁系や大脳皮質のはたらきに応じて、生命維持のためにはたらきます。例えば、走ると脈拍数や呼吸数が多くなるのも脳幹部のはたらきです。人の不安やあせりが強くなると脈拍や呼吸が速くなったり、頻尿や下痢などの症状が出ることとも関連しています。

❺ 呼吸器系のしくみとはたらき

　気道は鼻腔、咽頭、喉頭、気管、気管支からなっています（図 1-4-5）。

① 鼻腔

　鼻腔は高性能の加湿器です。鼻腔を通過するときに鼻粘膜によって、空気はほぼ100％の湿度に加湿されます。十分に湿った空気は喉（咽頭、喉頭）や肺の気道を乾燥から守ります。乾燥した粘膜から、細菌やウイルスが体内に侵入します。

② 気管・気管支・肺胞

　気管は左右の主気管支に分かれ、さらに何度も枝わかれを繰り返して葡萄状の肺胞になります。肺胞は毛細血管に囲まれています（図 1-4-6）。

③ 肺呼吸と細胞呼吸

　私たちは、口から酸素を吸って二酸化炭素を出して呼吸をしています。気道を通る際、肺胞とまわりの毛細血管との間で、酸素と二酸化炭素のガス交換が行われます。

図 1-4-5　気道の構造

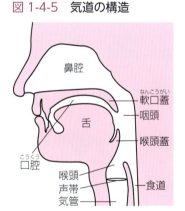

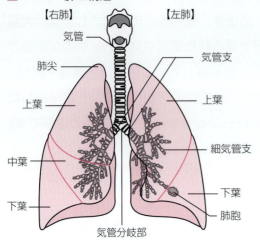

図 1-4-6　肺の構造

これが肺呼吸です。肺の毛細血管に入った酸素は肺静脈を通って心臓に送られ、心臓から動脈を通って全身の臓器・組織へ運ばれます。

酸素は毛細血管から細胞に取り込まれ、細胞からは二酸化炭素が毛細血管に排出されます。これが細胞呼吸です。二酸化炭素が多い血液は静脈となって心臓に戻り、心臓から肺動脈に入り肺胞に達します。毛細血管を流れる血液が二酸化炭素を肺胞に放出します。この二酸化炭素は、気管を通って口から吐き出されます。

❻ 消化器系のしくみとはたらき

食道から肛門まで、消化管は一本の管です。食道（長さ約 25㎝）、胃（平均容量約 1500ml）、十二指腸（長さ約 30㎝）、小腸（空腸・回腸：長さ約 6〜7m）、大腸（約 1.5m）、肛門（約 3㎝）です。肝臓（重さ 900〜1300ｇ）は右上腹部にあり、十二指腸に総胆管でつながっています（図 1-4-7）。肝臓下面には胆嚢がついていて、胆嚢管は総胆管につながっています。膵臓は胃の背面にあり、長さは約 15㎝です。膵管は総胆管に合流します。総胆管から消化酵素の胆汁や膵液が十二指腸に流れます。胆汁は肝臓の肝細胞でつくられます。膵液は膵臓でつくられるたんぱく質分解酵素です。

1 消化器系の免疫

口の中は粘液と唾液で守られています。粘液や唾液は、細菌やウイルスに対する殺菌作用をもっています。喉（咽頭、喉頭）には扁桃腺のようなリンパ腺があり、細菌やウイルスをブロックします。胃液は酸性で消化作用があり、細菌なども消化してしまいます。小腸の周りにはパイエル板と呼ばれるリンパ組織があり、感染防御やアレルギーにかかわっています。

2 空腹と満腹

私たちは空腹になると食べ、満腹になると食べることをやめます。この行為は、脳の視床下部で調節されています。

図 1-4-7　消化器の構造

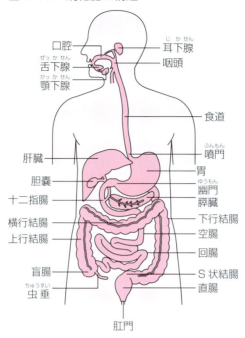

　血糖値が上がると、満腹中枢が感知して食行動が収まります。血糖値が下がると、摂食中枢がはたらき、人は空腹感を感じるのです。

③ 咀嚼と嚥下

　咀嚼・嚥下運動は、随意運動と不随意運動が連携しています。口に入った食物は咀嚼しているうちは、口の中を自由に移動させることができますが、一度喉の奥に入ると出すことができなくなってしまいます。そのまま不随意運動で喉頭から食道へ自然と運ばれます。自分の意思では食べ物を動かすことはできません。

　気管の入り口にはふた（喉頭蓋）がついていて、食塊が気道に入らないようにしています。うまくはたらかないとむせ込みの原因となります。

④ 栄養素の消化と吸収

　咀嚼によって、ご飯やパンなどの穀物類は口の中で唾液と一緒に擦りつぶされます。でんぷんが糖類に分解されるので、甘く感じます。胃の消化では、蠕動運動と胃酸で食べたものは粥状になり、さらにペプシン（たんぱく質分解酵素）で肉類のたんぱく質が分解されます。

　十二指腸・空腸・回腸のはたらきにより、栄養素は消化・吸収されていきます。

5 消化管の水循環

1日に口から摂取する水分の量は、約2lです。体内には唾液（1l）、胃液（2l）、胆汁（1l）、膵液（2l）、小腸液（1l）があり、合計9lの水分が分泌されます。多くは小腸の後半部（回腸）で再吸収されます。消化管を通る約99％の水分が再吸収され、1％が便として排出されます。

6 排便に影響を与えるもの

排便は習慣です。良好な排便習慣には腸内環境や生活習慣、そしてストレスが大きく関係しています。腸内には、腸内細菌が多く存在しています。最近は、善玉菌や悪玉菌などと表現されるなどしています。善玉菌が多くいる場合、糖尿病やうつ病、その他の病気になりにくいといわれています。また、生活習慣で排便を我慢する傾向が強いと、便秘気味になります。ストレスを強く感じて生活している人は、脳幹部のはたらきで下痢になります。

❼ 尿路系のしくみとはたらき

腎臓は腹腔後面（後腹膜）にある長さ約10cmのそら豆型をした臓器で、左右二つあります。腎臓と膀胱の間には、尿管（25～27cm）があります（図1-4-8）。

1 腎臓の機能

血液のろ過装置として、血液中の老廃物と電解質、水を適切に処理するところが腎臓です。腎臓には、腎動脈を通って1日約1500mlの血液が腎臓に流れます。血圧の調整や造血ホルモン（エリスロポエチン）、ビタミンDの生成機能もあります。

2 血液のろ過、尿の生成

腎臓の動脈は何度も枝分かれして糸球体という毛細血管になります。この毛細血管で1日1500lの血液がろ過されて血液中の水分、老廃物、電解質が1日150lの原尿としてボーマン嚢に移動します。尿細管での水分の再吸収の後、最終的に水分1500mlと老廃物が尿として、腎臓から尿管を通って膀胱へ流れます。

3 排尿

腎臓で生成された尿は、尿管を通って膀胱にためられます。個人差や水分摂取量にもよりますが、1日の排尿回数が5回とすると、膀胱は尿が300mlたまると排尿していることになります。また、精神的に緊張しているときには排尿の回数は増えるこ

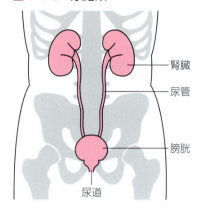

図 1-4-8　尿路系
腎臓
尿管
膀胱
尿道

とがあります。

❽ 細胞のしくみとはたらき

　私たちの身体は、60兆個の細胞からできているといわれています。神経細胞、網膜細胞、骨細胞、筋肉細胞、肝細胞、粘膜上皮細胞、皮膚細胞、血管内皮細胞、線維芽細胞、血液細胞など200種類以上の細胞が、臓器や器官にあります。細胞は一つひとつが呼吸し、栄養や必要なものを取り込み、細胞の中にある遺伝情報にもとづいて、たんぱく質やホルモンなど身体に必要なものをつくり出す工場となっています。

1 細胞の基本的な構造とはたらき

　細胞は細胞膜に包まれ、その中は丸い核と細胞質に分かれます。細胞質の中には細胞小器官と呼ばれるミトコンドリア、ゴルジ装置、粗面小胞体、滑面小胞体などがあります。毛細血管は細胞のそばまであり、酸素、糖質、塩分、水分、アミノ酸などを毛細血管から取り入れます。

2 工場としての細胞小器官

　細胞小器官のミトコンドリアでは、エネルギーを産生します。このエネルギーを使って、核の遺伝子情報によって、ゴルジ装置や粗面小胞体、滑面小胞体が物質をつくります。細胞が物質をつくると、その結果、二酸化炭素が生じます。細胞は工場として物質をつくるに際して、酸素を取り入れて二酸化炭素を出しているのです。

3 身体の水分（体液）バランス

　私たち成人の身体の 60％ は、水分（体液）からできています。60kgの人は約 36l

が水分なのです。そのうち3分の2が細胞内液で、残りの3分の1が細胞外液です。

❾ 血管のしくみとはたらき

身体の細胞一つひとつに、酸素、水、栄養、塩分、ホルモンなどを届け、私たちの生命維持に欠かすことができないものが血管です。肺の毛細血管で血液は酸素を十分に取り込みます。この血液は肺静脈を通って肺から心臓に送られます。心臓の左心房、左心室を通って大動脈から酸素を多く含んだ血液が全身に運ばれます。肺動脈には二酸化炭素が豊富な静脈血が流れ、肺静脈は酸素が豊富な動脈血が流れています。全身

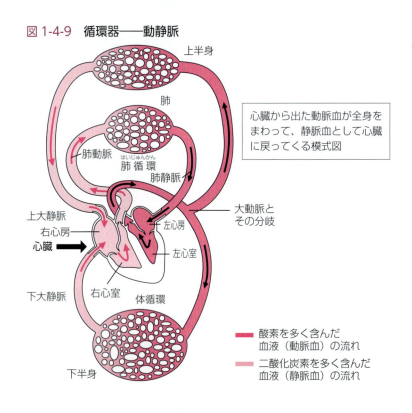

図 1-4-9　循環器——動静脈

心臓から出た動脈血が全身をまわって、静脈血として心臓に戻ってくる模式図

― 酸素を多く含んだ血液（動脈血）の流れ
― 二酸化炭素を多く含んだ血液（静脈血）の流れ

表 1-4-4　血管の種類とそのはたらき

動脈	大動脈弓は頭部や上腕の動脈、胸部大動脈は肋間動脈、腹部大動脈は肝動脈、脾動脈、腎動脈や腸管の血管に分岐する。その後、大腿動脈となって両側の下肢に向かう。
静脈	毛細血管で二酸化炭素を多く含んだ血液は静脈を通り、だんだん太くなる。静脈は動脈に並走して心臓に戻る。心臓の頭側では上大静脈、心臓の足側では下大静脈になり、心臓の右心房に集まり、右心室に送られて肺動脈に入る。肺動脈は肺の中で分岐して細くなり、毛細血管となった肺胞で二酸化炭素を放出し、そして、酸素を受け取る。
毛細血管	分岐を繰り返し細くなった動脈は、細胞レベルでは毛細血管となって細胞の周りに分布する。毛細血管と細胞の間でさまざまなやり取りをする。毛細血管は集合して静脈になる。

の血管と違って動脈に静脈血が流れ、静脈に動脈血が流れます（図 1-4-9、表 1-4-4）。

2 高齢者に多い主な疾患

　ここでは高齢者に多い主な疾患を学びます。高齢者はさまざまな疾患にかかりやすい状況にありますが、介護の現場でよくみられる疾患を取り上げます。なお、感染症については本節 3 を、認知症については第 2 章第 2 節を参照してください。

❶ 血圧

1 高血圧とは

　血圧には、心臓が収縮して全身に血液を送り出すときの最大の血圧である最高（収縮期）血圧と、血液を送り出した後に心臓が拡張して肺から血液を受け取るときの最低（拡張期）血圧があります。正常血圧は年齢に関係なく、130mmHg/85mmHg 未満といわれています。高齢者は血圧が高くなる傾向があります。世界も日本も高血圧の基準は、140mmHg/90mmHg 以上です。

2 高血圧の原因

　高血圧の原因は動脈硬化やストレス、肥満、運動不足、塩分の摂りすぎ、喫煙などです。このような状況が長く続くと、血圧は高くなります。

3 主な症状

　高血圧の症状は頭痛や肩こり、めまい、息切れなどです。しかし、あまりはっきりした症状がない場合があるので、注意が必要です。

4 高血圧が原因の疾患

　血圧が高くなると、心筋梗塞や脳出血、眼底出血などのさまざまな疾患が起こりやすくなります。減塩や運動習慣、バランスのとれた食事、禁煙など、適切な生活習慣を身につけ、適切な治療を行うことが重要です。

5 治療

　高血圧の治療には、前述の適切な生活習慣を身につけること（食事・運動療法）と、

薬物療法があります。症状がない場合もあるので、日頃から血圧を測定する習慣を身につけ、早期に発見し、治療することが重要です。

❷ 糖尿病

1 糖尿病とは

　糖尿病は膵臓から分泌されるインスリンのはたらきが悪かったり、不足したりすることにより、糖の血中濃度が下がりにくくなった状態をいいます。糖尿病型といわれるのは早朝空腹時血糖値が 126mg/dl 以上や、HbA1c が 6.5 以上であったりする場合などです。その他、食後 2 〜 3 時間後の血糖値、75g のブドウ糖を負荷した検査などが行われ、慢性的に高血糖があると、糖尿病の確定診断が行われます。糖尿病になると血液の粘度は高まり、動脈硬化が進行して心筋梗塞や脳梗塞などの疾患の原因になることもあります。

2 糖尿病の種類

　糖尿病には 1 型（インスリン依存型）と 2 型（インスリン非依存型）があります。1 型糖尿病は若年で発症し、インスリン療法が必須です。2 型はインスリンが摂取したエネルギーより相対的に不足することにより、血糖値の高い状態が持続します。高齢者の場合は、インスリンの分泌量が減少したり、糖を消費しにくかったりするため、高血糖状態が持続しやすいです。

3 主な症状

　糖尿病の初期には症状があまり出ません。口渇、多飲、多尿、倦怠感、体重減少などの症状が出たときは、糖尿病の状態が悪化したと考えて対応することが必要です。
　糖尿病がコントロールされずに長い年月が経過すると、目や腎臓、感覚器に異常が現れ、合併症につながります。

4 治療

　糖尿病治療の基本は、まず、食事・運動療法を行い、その次に薬物療法を行います。薬物療法では、血糖値を下げる経口薬の服薬やインスリンの注射を行います。薬が効きすぎたり、食事をきちんと摂らないと、血糖値が下がりすぎる場合があります。これを低血糖といいます。低血糖の症状は冷や汗、動悸、手の震え、ふらつき、めまい、意識障害、重度の場合は昏睡になることがあります。このような症状が出たときには、砂糖やブドウ糖などを摂取すると回復するため、日頃から準備しておくことが大切で

す。

　また、医師の指示により、積極的に運動を行うことも重要です。食事療法では栄養士の指導のもと、必要な栄養素やエネルギーを摂取することを前提に行われます。

5 合併症

　糖尿病の合併症には糖尿病性網膜症、糖尿病性神経障害、糖尿病性腎症という三大合併症があります。糖尿病性網膜症は失明につながりますし、糖尿病性神経障害は皮膚感覚などが低下し、けがをしても気づかないことがあります。そのため、傷口から感染を起こし、壊死して手足の切断につながることがあります。糖尿病性腎症では腎不全になり腎透析につながります。

❸ 脂質異常

1 脂質異常とは

　脂質には、コレステロールと中性脂肪があります。コレステロールか中性脂肪のどちらか、または両方が基準値を超えている場合を脂質異常といいます。コレステロールには、善玉といわれるHDLコレステロールと悪玉といわれるLDLコレステロールがあります。それぞれの基準値はHDLコレステロールが40mg/dl未満、LDLコレステロールが140mg/dl以上が異常値です。また、中性脂肪は150mg/dl以上が異常値です。

2 メタボリックシンドロームとは

　コレステロールはホルモンや細胞膜などの原料になります。中性脂肪もエネルギー源として蓄えられますから、身体にとっては重要な成分です。しかし、多すぎると動脈硬化が促進され、心筋梗塞や脳梗塞などの原因になります。メタボリックシンドロームの診断は脂質異常だけでなく、内臓脂肪が蓄積していたり、血糖値や血圧が高くなった状態をいいます。内臓脂肪の蓄積量は腹囲で測定します。男性85cm以上、女性90cm以上が異常値です。

3 治療

　脂質異常の治療は、まず食事療法と運動療法を行います。それでも改善がみられない場合は、血圧や血糖、コレステロール、中性脂肪を下げる薬が処方されます。

❹ 狭心症

1 狭心症とは
　狭心症は心臓に血液を送る冠状動脈が狭くなり、一時的に冠状動脈の血液の通過障害が起こった状態をいいます。

2 狭心症の種類
　狭心症には安静時狭心症と労作性狭心症があります。
　安静時狭心症は、安静にしているときに冠状動脈の攣縮という、血管壁の筋細胞が痙攣して、内腔が極端に細い状態になり、冠状動脈の血流が不足した状態です。労作性狭心症は、冠状動脈が動脈硬化で狭くなっているときに運動や労作時に必要とされる血液が不足して起こります。

3 主な症状
　胸痛や胸部圧迫感、締めつけられるような痛みなどの症状が、発作的に1～2分間起こります。

4 治療
　発作が起きたときは、血管を拡張するニトログリセリンという舌下錠やパッチを使用すると症状が軽快します。しかし、血管が拡張することにより、めまいやふらつきが生じるので、座った状態か寝た状態で服薬します。また、血栓や血管狭窄予防にはアスピリンなどの抗血小板薬やカルシウム拮抗剤などの薬物を用い、手術療法として冠状動脈血行再建術（ステント）やバイパス術などが行われます。

❺ 心筋梗塞

1 心筋梗塞とは
　心筋梗塞とは心臓を養っている冠状動脈が詰まって、心筋に血液が流れなくなり、その部分が壊死する疾患です。

2 心筋梗塞の原因
　心筋梗塞の原因は動脈硬化や高血圧、糖尿病、不整脈、ストレス、脱水などです。また、冠状動脈が動脈硬化などにより狭くなったため、一時的に虚血状態になったものを狭心症といいますが、狭心症を何度も繰り返すうちに心筋梗塞になる場合もあ

りますので、注意が必要です。

3 主な症状

心筋梗塞の症状は、30分以上続く強い胸痛、呼吸困難、顔面蒼白(がんめんそうはく)、冷や汗、不整脈などですが、高齢者では痛みがみられない場合（無痛性心筋梗塞）があるのが特徴です。

4 治療

心筋梗塞の多くは、急に起こります。急に強くて持続する胸痛を訴(うった)えたり、倒れたりした場合は、すみやかに医療機関に連絡することが重要です。医療機関では、カテーテル治療や冠状動脈のバイパス術などが行われます。

❻ 不整脈

1 不整脈とは

不整脈は、期外収縮や心房細動など、心臓の拍動のリズムが一律でない状態をいいます。通常、安静時に心臓は1分間に60回から80回の規則的なリズムで拍動しています。1分間の心拍数が60回未満で、心臓の拍動のリズムが一律でない状態を徐脈性不整脈といいます。100回以上の場合を頻脈性不整脈といいます。

2 不整脈の原因

不整脈は、加齢やストレス、疲労、睡眠不足などが要因といわれています。

3 主な症状と治療

不整脈の症状はその種類によって異なりますが、動悸やめまい、息苦しさなどがあります。健康な人でも不整脈の人がいますが、動悸などの自覚症状がある場合は専門医を受診する必要があります。また、心房細動といって、心臓の中の心房というところが細かく動くことにより、血の塊ができ、それが心臓から飛んで脳血管を閉塞する脳塞栓の原因になります。

治療は、薬物療法が基本です。徐脈性不整脈の場合は、ペースメーカーの植え込み術などがあります。

❼ 心不全

1 心不全とは
さまざまな心疾患が原因で心臓のポンプ機能が低下し、身体の隅々まで血液が十分送り出せない状態をいいます。

2 心不全の種類と症状
心不全には、右心不全と左心不全があります。右心不全の症状は、浮腫や静脈の怒張、尿量減少、食欲不振などです。左心不全の症状は、動悸や息切れ、チアノーゼ、起坐呼吸などです。

3 主な原因と治療
心不全は、動脈硬化や高血圧が主たる原因で、ストレス、過労などで悪化します。心不全の状態により、外来治療・入院治療を選択します。薬物療法や運動制限、減塩、水分制限、酸素療法等が行われます。

❽ 脳血管疾患

1 脳血管疾患とは
脳血管疾患とは、脳の血管が高血圧や脂質異常症、糖尿病、心臓疾患などにより、血栓ができて詰まったり、破れたりすることにより、障害を受けた脳の部分の機能が低下する病気です。

2 原因
脳血管疾患の原因は、高血圧や糖尿病、脂質異常症などの疾患に加え、脱水、多血症、肥満、飲酒、喫煙、ストレスなどです。

3 脳血管疾患の種類
脳血管疾患の種類には、血管が詰まる脳梗塞と出血する脳出血、脳をおおっているくも膜の下の血管から出血するくも膜下出血があります。病態と主な症状は、表1-4-5 のとおりです。

4 主な症状と後遺症
脳血管疾患の症状は多岐にわたります。

表 1-4-5　脳血管疾患の種類

疾患名		病態
脳梗塞	脳血栓	脳の太い血管が、動脈硬化で血栓を形成し、詰まる。
	脳塞栓	不整脈などで心臓にできた血栓が、脳の太い血管に流れてきて詰まる。
	ラクナ梗塞	脳の細い血管が高血圧などで傷ついて詰まる。
脳出血		高血圧などで脳の血管から出血する。
くも膜下出血		脳をおおっているくも膜の下の血管に動脈瘤ができ、高血圧などにより圧力がかかって出血する。

脳血栓は血栓が徐々に形成されるため、完全に閉塞するまでに2～3日かかります。症状は、急な片麻痺や言語障害、失行、失認、せん妄（意識障害の一種）などです。脳塞栓は、血栓が心臓から流れてきて、脳血栓と同じような症状が起こります。脳出血は、頭痛や嘔気・嘔吐、意識障害などが起こります。くも膜下出血は、突然の激しい頭痛や嘔気・嘔吐、意識障害が起こります。また、脳梗塞は前兆として、一過性脳虚血発作（TIA）という状態になることがあり、多くの場合、症状は数分から30分以内に治まりますが、いったんTIAを起こすと、1週間～1か月以内に、遅い場合は1年のうちに、本格的な脳梗塞症状を起こす危険が高くなります。後遺症としては、障害を受けた脳の部位によって異なりますが、片麻痺や言語障害、失行、失認などがあります。

❾ パーキンソン病

1 パーキンソン病とは

原因不明の難病です。脳の黒質（中脳）の変性によりドーパミンが減少し、体が動きにくくなる病気です。病状は進行性で、5～15年で自立困難になります。

2 症状

初期症状は振戦で、片側からはじまります。病状が進むにつれ、①振戦、②筋固縮、③寡動、④姿勢反射異常が出現します（四大徴候）。また、嚥下障害、言語障害も出現します。症状が進むと、仮面様顔貌とよばれる筋肉のこわばりや動きの少なさが、顔の表情にも表れます。慢性期には、しばしば認知症も加わります。

重症度は、ホーエン・ヤールの重症度分類によって分類できます。

3 治療

不足したドーパミンの補充薬（L-ドパ）の投与を行い、8～12年後に定位脳手術を追加すると一時的に改善します。しかし、進行を抑えることはできず症状は持続されます。

⑩ うつ病

1 うつ病とは

不安や意欲低下などの抑うつ状態が長く続き、日常生活に支障が生じるものをいいます。身体症状を訴える場合もありますので、うつ病と認知症などその他の疾患との鑑別が必要です。

2 原因

多くの場合、人間関係のトラブルや仕事による疲労、環境の変化などのストレスが原因となります。

3 主な症状と治療

気分の落ち込み、憂うつな抑うつ状態を主訴として、思考障害（思考制止）、妄想（貧困妄想、罪業妄想）などが出現し、時には自殺願望（希死念慮）もあります。日内変動があり、午前より午後の調子がいいのも特徴です。

薬物療法や精神療法が行われます。運動も有効です。

⑪ 骨粗鬆症と骨折

1 骨粗鬆症とは

骨粗鬆症は、骨密度が低下し、骨折しやすい状態にあることをいいます。骨密度の低下は閉経後の女性によくみられます。

2 原因

女性ホルモンの低下、カルシウムやビタミンDの不足、運動不足、加齢、日光にあたらない生活、さらにバセドー病、1型糖尿病、アルコールの多飲、ステロイド薬の使用など、原因は多岐にわたります。

3 症状と治療

背中や腰が丸くなったり、腰痛が生じます。また、身長が縮んだことを自覚します。

転倒や少々の打撲などでも骨折につながるので、注意が必要です。主な骨折部位は、手をついた場合に①橈骨遠位端骨折、②上腕骨頸部骨折、尻もちをついた場合に③腰椎圧迫骨折、転倒した場合に④大腿骨頸部骨折となります。特に、大腿骨頸部骨折はそのまま寝たきりになることがあるので、注意が必要です。

日常生活において、カルシウムの多い食事を摂る、日光にあたる、運動をするなどを心がけることが重要です。また、薬物療法も行われます。

⑫ 肺炎

1 原因
肺炎は、さまざまな細菌に感染して起こる感染症です。高齢者では、食べ物が気道に入って起こる誤嚥性肺炎に注意が必要です。

2 症状と治療
通常、咳、痰、発熱などの風邪のような症状が出ますが、高齢者ではこれらの症状が出ないことがあるので、いつもと異なる状況がないか観察することが必要です。

原因菌により、抗生物質などが処方されます。

⑬ 慢性閉塞性肺疾患（COPD）

1 COPDとは
慢性気管支炎と肺気腫を併せた総称で、長期間の喫煙や汚れた空気の吸い込みにより、気道が狭くなったり、肺胞が破壊されてガス交換がうまくいかなくなる疾患です。

2 原因
主な原因は喫煙です。喫煙の期間が長くなると、肺胞が壊れ、さまざまな症状が出現します。

3 症状と治療
症状は、咳や痰、息切れ、労作時の呼吸困難です。

治療としては、まずは禁煙をすることです。そして、薬物療法、口すぼめ呼吸や腹式呼吸などの呼吸の訓練を受けます。また、酸素がうまく取り入れられなくなって、身体機能が低下した状態では在宅酸素療法が行われます。

⑭ 尿路感染症

① 高齢の尿路感染症
　代表的な尿路感染症は大腸菌などによる膀胱炎であり、慢性化することもあります。

② 予防
　特に女性では尿道が短いため、排泄介助は、尿道から肛門に向かって清潔にすることが重要です。

⑮ がん

　高齢者はさまざまながんを発症します。主ながんには、肺がんや大腸がん、胃がん、肝臓がん、前立腺がんなどがあります。
　肺がんには、肺が原発の原発性肺がんと他の臓器からの転移による転移性肺がんがあります。男性で一番多いのが肺がんです。喫煙は主な原因の一つです。
　大腸がんは女性で一番多いがんです。食物繊維の不足と動物性脂肪の摂りすぎが原因といわれています。大腸がんは人工肛門を造設する場合もあります。
　胃がんは、ヘリコバクター・ピロリ菌が主要な原因です。
　肝臓がんは、C型肝炎ウイルスが原因の場合が多いです。原発性と転移性があります。転移性のものは、胃や大腸のがんが門脈という血管を通じて転移します。
　男性では前立腺がんも発症します。

⑯ 目や耳の疾患

① 目の疾患
　眼の疾患には、白内障や緑内障、網膜色素変性症、糖尿病性網膜症などがあります。白内障は水晶体が混濁し、物がかすんで見えます。緑内障は、眼圧が上がる疾患で視野が欠損し、失明につながることがあります。網膜色素変性症は網膜に色素が沈着し、視野狭窄や視力低下などが起こります。糖尿病性網膜症は網膜の血管が出血し、失明するおそれがあります。

② 耳の疾患
　高齢者は老人性難聴になりやすく、高音域の聴力が低下します。

3 感染予防

❶ 感染症とは

さまざまな種類のウイルスや細菌などの病原微生物が体内に侵入し、臓器や組織、細胞の中で増殖し疾病を引き起こす疾患を感染症といいます。

❷ 感染の成立

病原体が感染源から感染経路を介して宿主に伝播し、病原体の感染力（菌の毒力や量）が宿主の抵抗力（免疫能）を上回った場合に感染が成立します（表1-4-6）。

宿主の抵抗力が非常に弱い場合、ふだんは何ともないような菌に感染し、病気になることがあり、これを日和見感染といいます。病院や施設には、非常に抵抗力の低下した人（易感染性患者、高齢者）がいるので、注意が必要です。

表 1-4-6　感染に必要な四つの要素

要素	項目
感染源	さまざまな病原体の存在
感染経路	接触感染、飛沫感染、空気感染、経口感染、昆虫媒介感染、垂直（母子）感染など
宿主の抵抗力	免疫能、栄養状態など
病原体の感染力	病原性、感染量など

❸ 発症と保菌者

感染して発症する場合を顕性感染といい、症状が現れるまでの期間を潜伏期といいます。一方、感染しても症状が現れない場合を不顕性感染といいます。このような人をキャリア（保菌者）といいます。

❹ 感染経路

病原体が感染に至る経路は、表1-4-7のように分類されます。

表 1-4-7　病原体の感染経路

感染経路	原因	主な疾患
接触感染	施設内で最も重要で、病原体に直接触れたり間接的に手指・器具等を介して触れて伝播する頻度の高い感染様式。	疥癬、メチシリン耐性黄色ブドウ球菌（MRSA）、緑膿菌など。
飛沫感染	感染源である人が、咳やくしゃみ、会話などをすることによって、病原菌が飛沫して他人に感染する。特別な空調や換気は必要ない。	インフルエンザ、マイコプラズマ肺炎など。
空気感染	微生物を含む飛沫の水分が蒸発して、5μm以下の微小粒子として長時間空気中に浮遊する場合に、空気感染が起こる。特別な空調や換気が必要。	結核、麻疹、水痘など。
経口感染	汚染された食物、水、装置、器具などによって伝播される。	食中毒、B型肝炎、C型肝炎など。
昆虫媒介感染	蚊、ハエ、シラミ、ダニなどの害虫により伝播される。	日本脳炎、マラリア、リケッチア症、ジカ熱など。
垂直（母子）感染	母親から胎盤や産道、母乳を通じて、子に感染する。	風疹、梅毒、HIV、クラミジア、淋菌など。

❺ 食中毒

　食中毒とは、有毒な微生物や化学物質を含む飲食物を摂取した結果生じる健康障害です。食中毒菌の発育には、表 1-4-8 の 3 条件があります。また、食中毒を予防するための 3 原則は、表 1-4-9 のとおりです。

表 1-4-8　食中毒菌が発育する 3 条件

①栄養源	調理器具類では、食物残渣や汚れが細菌にとって栄養源となる。
②水分	細菌は、食物中の水分を利用して増殖する。水分含量 50％以下では発育しにくく、20％以下では発育できない。
③温度	ほとんどの細菌は、10〜60℃で増殖し、36℃前後で最もよく発育する。

表 1-4-9　食中毒予防の 3 原則

①つけない	食物に細菌をつけないために、原材料は清潔なものを使用する。施設・設備も清潔に保ち、調理・加工は清潔な器具を使用し、従事者は身体を清潔にして食物を取り扱う。
②増やさない	調理・加工は迅速に行う。計画的な仕入れを行い、設備の能力に応じた調理・加工をする。また、冷却をして細菌の活動を抑える。
③やっつける（殺菌）	加熱により、細菌を死滅させる。

表 1-4-10　スタンダードプリコーション（標準予防策）

項目	具体的な対応（対応時）
「感染の可能性のあるもの」として扱うもの	血液、体液（精液、膣分泌液）、汗を除く分泌液（痰、唾液、鼻水、目やに、母乳）、排泄物（尿、便、吐物）、傷や湿疹等がある皮膚、粘膜（口、鼻の中、肛門、陰部）など
手洗い	・感染の可能性があるものに触れた後 ・手袋をはずした後
使い捨て手袋	・感染の可能性があるものに触れるとき ・便・吐物を処理するとき
マスク	便や吐物が飛び散り、口や鼻を汚染する可能性があるとき
ガウン	衣類を汚染する可能性があるとき

出典：「感染症法に基づく消毒・滅菌の手引きについて」（平成16年1月30日建感発第0130001号）を参考に作成

❻ 感染予防

　日常生活での感染には、外傷による皮膚からの感染と、呼吸器系からの感染および消化器系からの感染があります。

　感染予防対策の一つに、スタンダードプリコーション（標準予防策）があります（表1-4-10）。これを遵守するための教育を十分に行うことが必要です。感染予防の基本としては、感染源を「持ち込まない、持ち出さない、拡げない」です。

1 うがい

　口や鼻、喉の粘膜は、病原体が侵入しやすく、気道や消化管などに通じており、侵入経路（感染ルート）になるので、うがいは非常に重要です。

表 1-4-11　うがいの方法

①うがい薬が入った水を60cc準備する。
②20ccの水を口に含み、ぶくぶくうがいをする。
③さらに20ccの水を口に含み、喉の奥までがらがらうがいをする。
④残りの20ccでもう一度、がらがらうがいをする。

2 手指の衛生

　手指が清潔になることで、口腔、鼻腔、皮膚、粘膜から身体内に侵入する病原菌を除去できます。特に、手の汚染部位を理解して手洗いをすることが大切です。手洗いは、普通石けんと流水による物理的な手段で、流水下で30秒以上行います（図1-4-10）。手指消毒は、手指洗浄消毒剤と流水で洗浄消毒すること、または擦式手指消毒

図 1-4-10　手洗いの手順

①
水でぬらします

②
手洗い石けんをつけて

③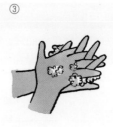
手と甲

④
指の間

⑤
親指洗い（5回ずつ）

⑥
指先

⑦
手首

⑧
水で十分すすぎ

⑨
使い捨てペーパータオルでふく（乾燥機）

⑩
アルコールを噴霧する

薬で消毒することです。

　帰宅したときや食事の前、掃除や洗濯など手が汚れる作業の後、「1ケア1手洗い」「ケア前後の手洗い」が基本となります。エタノール含有の速乾性手指消毒液を使用する前には手が乾燥していることが重要で、使いやすい場所に置いたり、コンパクトなスプレー式の消毒液を介護職一人ひとりが携帯するなどの工夫が必要です。

③ 手袋・マスクの装着

　分泌物や体液、痰、嘔吐物、排泄物などに触れることが予測されるときは、手袋を装着することを徹底します。使用時には、手袋に穴が開いていないことを確認し、1ケアにつき1枚使用します。

　耳かけタイプのマスクは、しっかり鼻とあごをおおい、マスクを鼻に合わせて顔に密着するようにします（「防じんマスクの選択、使用等について」（平成17年2月7日基発第0207006号）参照）。

④ 嘔吐・排泄物の処理

　分泌物や体液、痰、嘔吐物、排泄物などに触れることが予測されるときは、図1-4-11のようにマスク、エプロン（そで有り）、手袋、ゴーグル、靴カバーを装着することを徹底します。

　嘔吐物は、想像以上に周囲に飛び散っているので、床の清掃は、4m四方、壁は高さ1.6m上から下にふきます（図1-4-12）。事業所ごと、または部屋ごとに感染症予防セットと処置マニュアルを常備しておきます。消毒液は毎日つくり変えます（表1-4-12）。

図 1-4-11　嘔吐・排泄物の処理時の服装

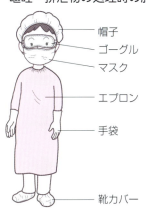

図 1-4-12　清掃範囲

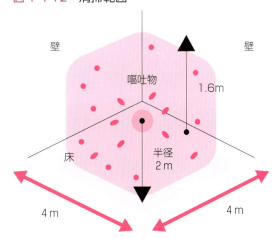

表 1-4-12　汚物処理作業の流れ

①汚染拡大の防止	汚物を吸水シート等でおおう。
②汚物の除去	シートごと汚物を除去する。
③除菌・洗浄	残った汚物はペーパータオルでおおい、消毒液をひたす。その後、ペーパータオルを除去する。
④廃棄	汚物の入った袋、手袋等をビニール袋に入れ廃棄する。作業後は流水・石けんでよく手洗いする（二度洗いが有効）。

参考文献

- 金子丑之助『日本人体解剖学 上下巻 改訂19版』南山堂、2000年
- アーサー・C・ガイトン、内薗耕二・入来正躬訳『人体生理学――正常機能と疾患のメカニズム 上下巻 第2版』広川書店、1982年
- M.J. Turlough Fitzgerald ほか、井出千束監訳、杉本哲夫ほか訳『臨床神経解剖学 原著第6版』医歯薬出版、2013年
- 大橋力『音と文明――音の環境学ことはじめ』岩波書店、2003年
- 仁科エミ・河合徳枝編著『音楽・情報・脳――情報学プログラム』放送大学教育振興会、2017年
- 杉浦和朗『イラストによる中枢神経系の理解 第3版』医歯薬出版、1998年
- Mark, F. Bear., et al., *Neuroscience : Expolring the Brain, 3rd Edition*, Lippincott Williams and Wilkins, 2006.
- 森岡周『リハビリテーションのための認知神経科学入門』協同医書出版社、2006年
- 林泰史・長田久雄編『最新介護福祉全書④ 発達と老化の理解 第2版』メヂカルフレンド社、2013年
- 介護職員関係養成研修テキスト作成委員会編『介護職員初任者研修テキスト② 人間と社会・介護2 第2版第2刷』長寿社会開発センター、2016年
- 北海道大学病院「北大病院感染対策マニュアル（第6版）」 http://www2.huhp.hokudai.ac.jp/~ict-w/kansen.html
- 「感染症法に基づく消毒・滅菌の手引きについて」（平成16年1月30日健感発第0130001号）

第2章

ケアの方法

第1節 自立に向けたケアの方法

1 ボディメカニクスのポイント

❶ ボディメカニクスとは

　身体の神経系、骨格系、関節系、筋系の各系統間の力学的な相互関係を総称して、ボディメカニクスといいます。人の運動機能は、いずれかの系が支障をきたすと目的どおりの正常な運動（姿勢や動作）ができなくなります。ボディメカニクスを理解し活用すると、身体に負担をかけずに最小限の力で最大の効果が上がり、さまざまな動作を効率的に行うことができ、介助者にとっても利用者にとっても安心・安楽な介助を受けることにつながります。

❷ ボディメカニクスの原理と活用

1 支持基底面積を広くする

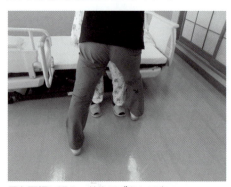

足を肩幅に開き、前後にずらして立つ。

　身体を支持する面積のことを支持基底面積といい、支持基底面積を広くとるほど身体は安定します。立位の場合、両足を閉じた状態に比べて、肩幅と同じくらいに足を開き、片足をやや前に出したときのほうが支持基底面積が広くなり、身体の安定性が増し、次の一歩が踏み出しやすくなります。

支持基底面積が狭い。不安定。

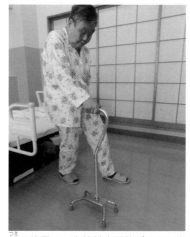
杖の使用で、支持基底面積がさらに広くなる。

2 重心を低くする

重心とは物体の重さの中心のことで、人の立位での重心の位置は、仙骨の前方、臍の下部あたりになります。重心を低くするということは、背中をまっすぐに保持し、膝を軽く曲げた姿勢（腰を曲げずに膝を曲げた姿勢）をとることです。重心の位置が低いほど姿勢は安定し、腰への負担は軽くなります。

3 対象に近づく

双方の重心が近づくと、重心線が支持基底面積の中に入るため安定した動作ができるようになります。しかし、実際の介助の際は、密着し過ぎると利用者の動きを規制してしまうことになるため、相手の自然な動きを妨げない程度に近づくようにします。

4 対象の身体を小さくまとめる

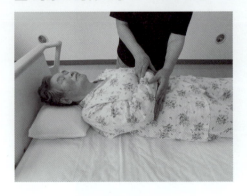

利用者の腕や足を組み、身体を小さくまとめることで、身体とベッド等との摩擦面積が少なくなるため、移動時の負担が少なくなります。

5 対象を水平に引く

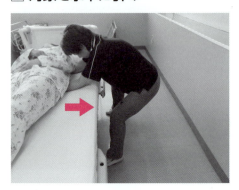

水平に動かすことで、持ち上げるよりも負担が少なくなります。また、押すより引くほうが力を分散させないので、わずかな力ですみます。

6 動作の方向に足先を向ける

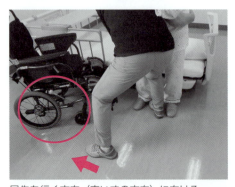

足先を行く方向（車いすの方向）に向ける。

足先を行く方向に向けることで、体軸をねじらず無理のない動作を行うことができます。身体をねじると腰痛の原因になります。

7 大きな筋群を使う

大きな筋群（上腕筋、腹筋、背筋、大腿筋など）を利用することで、身体全体の筋群に力が配分され、負担が少なく大きな力が発揮できます。

8 てこの原理を応用する

介助者の肘をベッド上についたり、膝をベッドサイドに押し付けたりして、てこの支点とすることで、わずかな力で動作を行うことができます（図 2-1-1）。

図 2-1-1 てこの原理

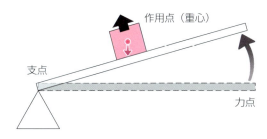

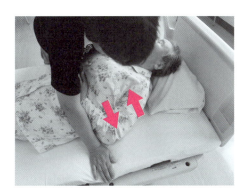

2 ポジショニングのポイント

❶ ポジショニングに関する基礎知識

関節拘縮や麻痺のある人は、自分で体位を保持できないことが多いため、クッションを使って四肢・体幹を適切な位置に保ったり、安楽な姿勢をとったりできるようにします。長時間の同一姿勢による同一部位の圧迫を避けるために、適時の体位変換が必要になります。

1 ポジショニングの定義

ポジショニングとは、「運動機能障害を有する者に、クッションなどを活用して身体各部の相対的な位置関係を設定し、目的に適した姿勢（体位）を安全で快適に保持すること」[1]をいい、日々のケアに取り入れるべき技術です。

表 2-1-1　ポジショニングの目的と期待できる効果

目的	快適で安定した姿勢や活動しやすい姿勢を提供すること
効果	◇褥瘡予防、◇拘縮・変形の予防、◇筋緊張の緩和と調整、◇呼吸の改善、◇浮腫の改善、◇睡眠の改善、◇活動性の向上、◇座位姿勢の改善、など。

2 人の体肢の重量配分

人は常に重力の影響を受けており、各部位で重量配分が異なります。「各部位の重さ」と「時間の経過」によって局所圧が高くなったり、部分的な負担や他の部位に悪影響をおよぼしたりする危険があります。

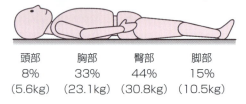

図 2-1-2　仰臥位の体圧分布（体重70kgの場合）

頭部	胸部	臀部	脚部
8%	33%	44%	15%
(5.6kg)	(23.1kg)	(30.8kg)	(10.5kg)

3 荷重箇所の移動

荷重のかかり方は、身体の部位の位置関係によって変化します（図 2-1-2）。身体の部位を移動すると、荷重箇所（圧迫部位）も移動します。浮いた部位の荷重はなくなり、その分が別の荷重箇所へ移動します。

例えば、股関節に90度以上の屈曲拘縮がみられる場合は、臀部に圧力が集中します。また、膝が中途半端に屈曲した状態では、骨盤が反って背中の筋肉の緊張が高まります。そこで、クッションを活用し、下肢の下側全体を支えることで体圧を分散させる対応が必要になります。

❷ ポジショニングを始める前の姿勢アセスメント

ポジショニングを始める前の姿勢アセスメントは、表 2-1-2 のように行います。

表 2-1-2　姿勢アセスメントのポイント

見る	1）全身のアライメント（姿勢の自然な配列）を観察（顔・肩・骨盤・膝・指先・足先がどの方向を向いているかを観察）。 2）頭、胸郭、骨盤、左右の上肢・下肢の位置関係を把握。 ・例：下肢は両膝を立て左に傾いている→骨盤が左にねじれている→胸郭は天井を向いているが、右肩のほうがマットレスとの距離がやや近い→顔は右を向いている→鼻先と右肩先端が近づいている
さわる	3）関節の可動状態の確認。 4）体圧の確認（介助グローブを使用して身体の下に手を入れ、荷重部位と非荷重部位（隙間）を確認）。 骨盤の重さ→足（大腿部・ふくらはぎ・かかと）の重さ→腕の重さ→胸郭の重さ→頭の重さ

❸ ポジショニングの実践

1 仰臥位のポジショニングの手順

●アセスメント

①　表 2-1-2 の姿勢アセスメントの 1 ）〜 4 ）を行う。

●仰臥位のポジショニング実施

②　ベッドの回転軸と大転子の位置を合わせて寝る位置を調整する（背上げをする場合）。

③　大腿部・下腿部・足底部にクッションをあてる（下肢の屈曲拘縮がある場合に、角度に合わせて下から支える）。下肢全体（大腿から膝下・足底まで）が支えられているかを確認する。身体の各部位を点で支えようとせず、できるだけ広い支持面で支える。下肢を支えるクッションとマットレスの間に隙間がある場合は、クッション等を加えて土台をつくる。

 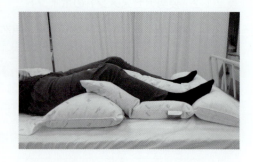

④ 必要に応じて上腕から手指までをサポートする（体幹と平行か、やや屈曲位になるように下から支える）。肩の高さより肘が下がらないように、クッション等で支える。

⑤ 頭・頸部はやや前屈（後屈していると口が開いてしまう）。円背の人の場合は、肩からしっかり支え、頭部が浮かないよう調整する。
⑥ 骨盤のラインと肩のラインを平行に整える。

図 2-1-3　骨盤のラインと肩のライン

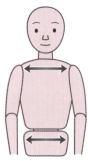

⑦ 必要に応じて背上げをする。身体の各部位の下に手を入れ、重さのかかり方を把握し、身体全体に圧が分散するようにベッドの角度を調整する（頭を上げると仙骨からかかとにかけて圧が移動し、下肢を上げると仙骨から胸郭・頭部方向に圧が移動する）。背上げする場合は、ベッドの回転軸と大転子の位置を合わせる。

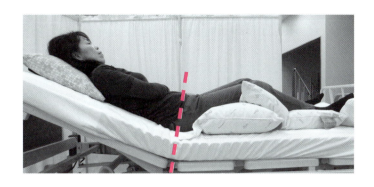

● 圧抜きと確認

⑧ 介助グローブを使用して背面・臀部・かかとの圧抜きをして、圧迫感や皮膚のつっぱり感を取り除く。姿勢全体・呼吸の状態・表情を確認する。

2 半側臥位のポジショニングの手順

● アセスメント

① 表2-1-2の姿勢アセスメントの1）〜4）を行う。

● 半側臥位のポジショニング実施

② 側臥位にする。
③ 胸郭と骨盤を同時に支えられる大きさのクッションを配置する。
④ 上側になる脚の重さを支えるクッションを配置する。
⑤ 胸郭から骨盤までをクッションにあずける（円背の場合は、肩から脊柱の曲がり具合に沿うようクッションを挿入する）。
⑥ 下肢は重ならないよう傾け、上側になる脚（大腿・下腿）をクッションで支える。
⑦ 上側の脚は、大転子・膝・くるぶしが同程度の高さになるように調整する。

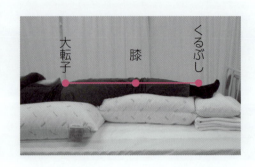

⑧ 下側になる肩甲帯の下に手を差し入れ、手前に引いて肩のつまりを解消する。
⑨ 骨盤の傾斜角度に合わせて、胸郭、頭部、下肢の傾斜角度を調整する（左右の肩を結んだ線と左右の腰骨を結んだ線で胸郭と骨盤の間のねじれを確認し、骨盤、両肩、頭の間でねじれが生じないよう注意する）。
⑩ 下側の膝・大腿部とマットレスとの間の隙間にはクッションを差し入れ、下から支えるようにする。

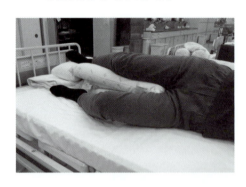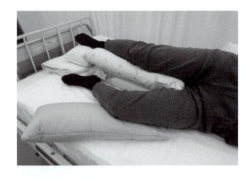

⑪ 上側になる上肢は、必要に応じてクッションで支える。
⑫ 頭の位置を調整する（頭が高すぎず、低すぎず、転がりすぎないように、枕の高さを調整する）。

● 圧抜きと確認

⑬ 頭・頸部と脊柱のラインがまっすぐに位置しているか確認する。
⑭ 姿勢全体・呼吸の状態・表情を確認する。
⑮ 介助グローブを使用して背面・臀部・下肢の圧抜きをして、圧迫感や皮膚のつっぱり感を取り除く。
⑯ 骨盤の傾斜による姿勢の不安定感がみられる場合は、傾斜下側の骨盤（必要なら上腕部も）にマットレスの下から傾斜枕を挿入してバンカー（土手）をつくる。

3 ポジショニングによる支援のポイント

・優しく触る（快刺激）。

- ポジショニングにより、安楽な姿勢を保つことが重要。
- 関節部分だけでなく体肢部分も支える（点で支えようとせず、できるだけ広範囲な支持面で支えるよう、クッションの向き・深さを調整する）。
- 体表面に接する部分は、触り心地がよく均一な面で支えられるよう工夫する。
- ポジショニングクッションは、どの部位に使用するかで「形・大きさ・厚さ」を選択する。また、「支持性・体圧分散性・へたりにくさ・通気性・衛生性」を考慮して中材を選択する。
- 姿勢はすべての活動に影響することから、24時間の姿勢管理が必要。それぞれの姿勢をとる時間の長さ・頻度を検討する。
- ポジショニングの目的を「生活の質（QOL）の向上」および「介護負担の軽減」に設定し、他職種と連携する。

3 移動の介護

移動の技術は食事や排泄、入浴などの技術の基本で、介護を要する人のもつ基本的な欲求を満たし、生活の質（QOL）を高めることができます。ここでは移動のさまざまな技術の手順を中心に述べます。基本は介助者があまり手を出しすぎず、利用者の有する能力を活用することが重要です。

❶ いろいろな基本姿勢

介護に必要な体位は、図2-1-4のとおりです。

❷ ベッド上の水平移動

側臥位の準備や仰臥位のまま行うシーツ交換などで使う技術です。

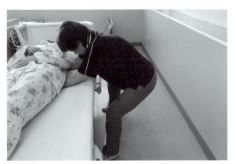

①肩甲骨と腰部の下に手を入れる。

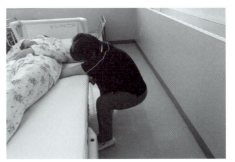

②両膝をベッドサイドにあて腰を落とし両手をベッド上で滑らせるように、手前に引く。

図 2-1-4 介護に必要な体位の種類

仰臥位

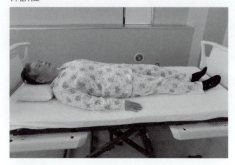

側臥位

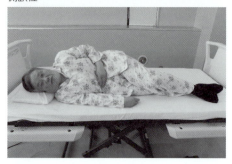

腹臥位(ふくがい)

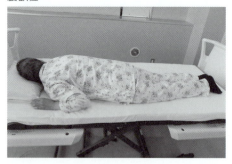

座位

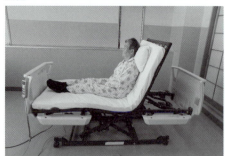

ファーラー位

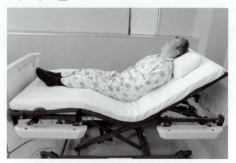

セミファーラー位

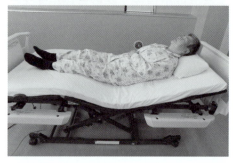

端座位(たんざい)

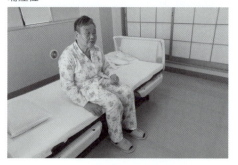

立位

❸ 上方移動

ベッドの下のほうにずれてしまった利用者を、正しい位置に戻すときに使う技術です。

①胸で組んだ手の肘を上からしっかり支え、利用者の腸骨を支点に身体を上方に移動する。

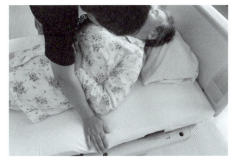

②肘関節で首を支え、手のひらで肩甲骨周辺を支える。

❹ 側臥位→端座位から浅座り

車いすやポータブルトイレ、歩行の準備のときに使う技術です。

①肘関節で首から肩甲骨を支え、利用者の肘を支点にして、起こす準備をする。

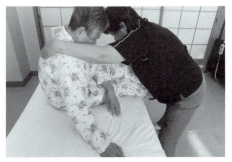

②重心を後ろ足から前足へ移しながらＳの字で上半身を起こし、姿勢を安定させる。

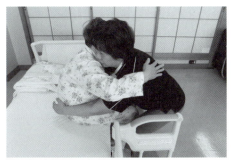

③利用者はベッド上に深く腰かけ、介助者は利用者の臀部を手前正面に引き寄せる。

④利用者は浅く座り、足底全体が床につくようにベッドの高さを調整し、安定させる。

❺ 端座位から車いすへの移動

　まず、車いすをベッドとの角度が 15 〜 20 度くらいになるように置き、ブレーキをかけます。麻痺のある場合は車いすを健側につけます。利用者が車いすに座ったら、ブレーキを解除し、ゆっくり動かします。

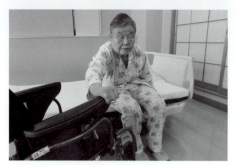

①車いす側の手で車いすの遠いほうのアームサポートをにぎる。

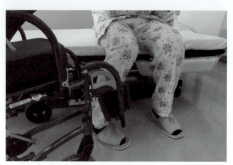

②かかとを少し車いすに向ける。

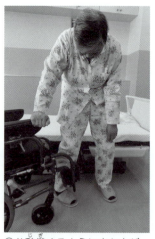

③お辞儀するように立ち上がってもらう（介助者は患側を介助する）。

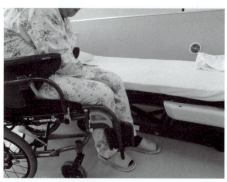

④ゆっくり回転するように車いすに座る。深く座るなどして安定した座位にする。足は必ずフットサポートに乗せる。

　車いすの名称は、図 2-1-5 のとおりです。定期点検をしっかり行いましょう。

図 2-1-5　車いすの名称
①グリップ
②バックサポート
③アームサポート
④サイドガード
⑤ブレーキ
⑥ティッピングレバー
⑦ハンドリム
⑧フットサポート
⑨レッグサポート
⑩前輪

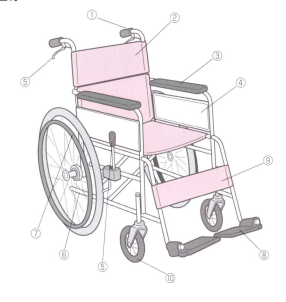

❻ 段差を越える

・最初に車いすを正面に向け、前輪を段差に近づけ止まる。
・グリップを下に押し下げるように体重をかけ、ティッピングレバーを踏み込み前輪をあげる。
・前輪を上げながら前進し、段差の上にゆっくり下ろす。

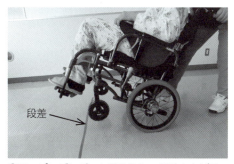

①ティッピングレバーを踏み込み、前輪を上げる。

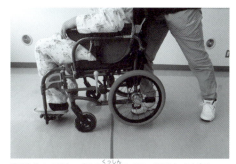

②段差を越え、膝の屈伸を使い後輪を上げる。

❼ 杖歩行介助

杖の種類は、図 2-1-6 のとおりです。利用者の状況に合わせて使います。

図 2-1-6　杖の種類

| ウォーカーケイン | 多点杖 | ロフストランドクラッチ | 1点杖 |

1 平地歩行＜（3点歩行）、左片麻痺の場合＞

①患側後方に位置し、杖を斜め前に出す。患側の足を1歩前に出す。

②健側の足を1歩前に出す。

2 杖で階段を上る（左片麻痺がある場合、杖→健側→患側）

介助者は患側後方に位置し、転倒・転落を防ぎます。

①杖を上段に上げる。

②健側の足を上げる。

③患側の足を上げる。

③ 杖で階段を下りる（左片麻痺がある場合、杖→患側→健側の順）

①杖と足をそろえる。介助者の足を先に下ろす。

②下段へ杖をつき、次に患側の足を下ろす。

③健側の足を下ろす。

4 入浴介助のポイント

❶ 入浴の意義

入浴には、湯船に入って身体を清潔にするだけでなく、心身ともにリラックスする、他者との交流が図りやすくなるなどの意義があります（図 2-1-7）。

❷ 入浴が身体に与える作用

身体を清潔にするには、入浴のほか、清拭や足浴・手浴等の部分浴、陰部洗浄など複数の方法があります。そのなかでも入浴は、身体の大部分を湯に浸けることで身体にさまざまな作用を与えます（図 2-1-8）。入浴が身体におよぼす作用の利点と欠点

図 2-1-7　入浴の三つの意義

身体的な意義

- 身体を清潔に保つことで皮膚の新陳代謝を促し、褥瘡や感染を予防します。
- 全身の皮膚状態を観察でき、異常を早期に発見できます。

心理的な意義

- ぬるま湯（38〜40℃）は脳内の副交感神経を刺激し、心も身体もリラックスして、疲れをいやします。
- 爽快感や気分転換を促進し、生活の充足感が得られます。

社会的な意義

- 皮膚の汚れやにおいを取り除くことで、他人との交流を円滑にします。
- ともに入浴することで、コミュニケーションを取り、人間関係を形成する場にもなります。

図 2-1-8　入浴が身体に与える作用

| 温熱作用 | 静水圧作用 | 浮力作用 |

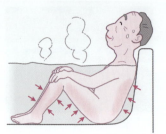
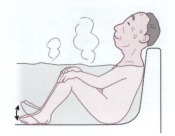

- 皮膚の毛細血管が開いて血行がよくなり、老廃物や疲労物質を排出します。
- 42℃以上の高温のお湯は、交感神経が緊張して皮膚血管が収縮し、血圧や心拍数が上昇します。

- 湯に首まで浸かると、身体全体に水圧*がかかります。
- 下肢にたまった血液が流され、血液循環をよくし、むくみを解消します。
- 腹囲や胸囲の圧迫で肺の容量が減り、呼吸が荒くなります。
- 血液やリンパが一斉に心臓へ戻るため、心臓に負担がかかります。

- 浮力により体重が約10分の1になるため、身体を動かしやすく、機能回復訓練がしやすくなります。
- ふだん身体を支えている筋肉が弛緩し、緊張がほぐれます。
- 身体が浮いてバランスを崩し、溺れる可能性があります。

を知り、介助を行うときに注意する点に気をつけ、入浴効果をいかしたケアにつなげましょう。

❸ 皮膚の構造と洗浄

1 皮膚の構造

　皮膚は、身体の表面をおおって身体を守ってくれる大切な臓器で、表皮、真皮、皮下組織の 3 層で構成されています（図 2-1-9）。また皮膚は、線維方向（皮膚割線）が身体部位によって決まった方向に走行しています。マッサージや保湿クリームを塗布するときには、この方向で行うと高い効果が得られます（図 2-1-10）。

2 皮膚を洗うときには

　皮膚は、垢や皮脂、汗などによって汚れます。皮脂汚れなど、ぬるま湯だけでは落ちきらない汚れの場合は、洗浄剤を使って汚れを落とすことが必要になります。洗浄剤はよく泡立てて洗うことで、泡がクッションとなって摩擦による皮膚への刺激を減らし、効果的に洗うことができます。乾燥肌や敏感肌の人は、もともとの皮脂分泌量が少ないため、洗浄剤を使用する身体部位と頻度に注意が必要です。毎回洗浄剤で洗うのは、脂っぽくなりやすい頭、顔のTゾーン、腋の下、胸や背中の中央部等や

＊水が身体におよぼす圧力のこと。身体にかかる水圧によって、下肢は約1cm、腹囲は約3〜5cm、胸囲は約1〜3cm縮まります。

図 2-1-9　皮膚の構造

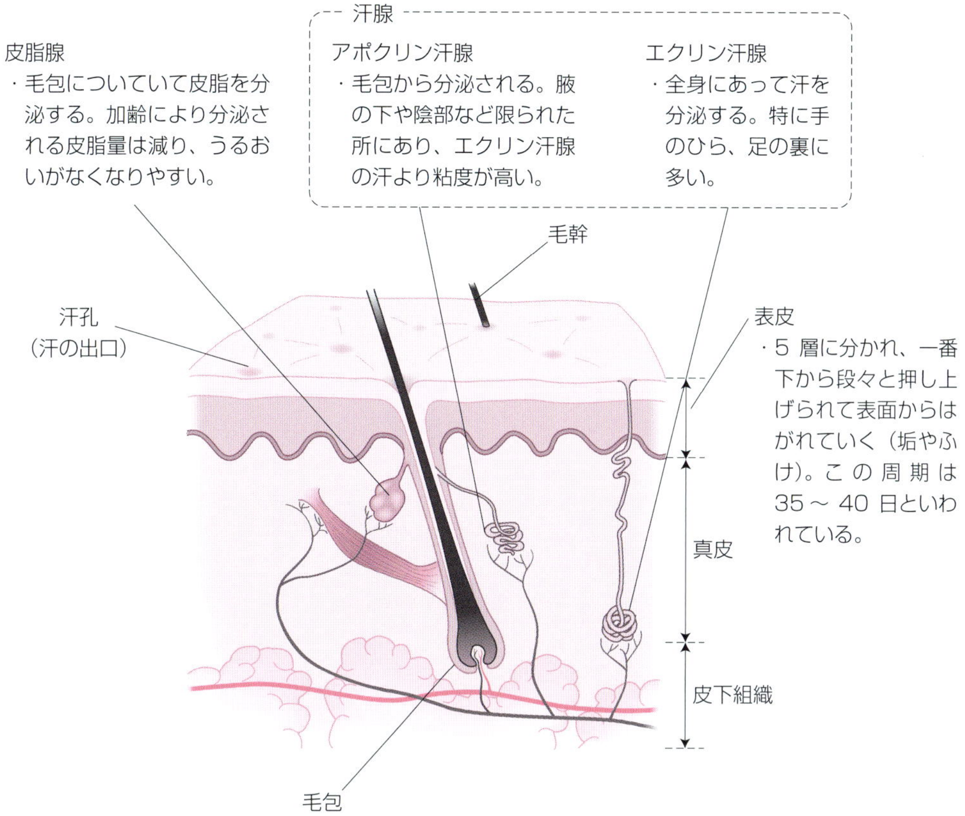

皮脂腺
・毛包についていて皮脂を分泌する。加齢により分泌される皮脂量は減り、うるおいがなくなりやすい。

汗腺
アポクリン汗腺
・毛包から分泌される。腋の下や陰部など限られた所にあり、エクリン汗腺の汗より粘度が高い。

エクリン汗腺
・全身にあって汗を分泌する。特に手のひら、足の裏に多い。

毛幹

汗孔（汗の出口）

表皮
・5層に分かれ、一番下から段々と押し上げられて表面からはがれていく（垢やふけ）。この周期は35～40日といわれている。

真皮

皮下組織

毛包

図 2-1-10　皮膚の割線方向

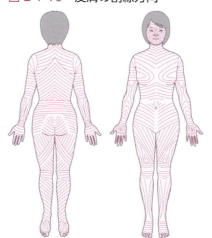

出典：日野原重明監、西山悦子『新・介護を支える知識と技術』中央法規出版、89頁、2009年

汚れやすい手足だけとし、それ以外はぬるま湯で洗うとよいでしょう。

❹ 入浴事故を防ぐための留意点

①　湯温は40℃くらいにし、のぼせを防ぐため長湯をしないようにします。

② 血圧の変動を防ぐため、脱衣室と浴室の室温変化を少なくし、室温が低くならないよう工夫します。
③ 食事後1時間以内や深夜、早朝は、血圧・心拍数とも低下しやすいため、入浴をひかえます。
④ 心肺に疾患のある人や高血圧の人は、静水圧や温熱の影響を考え、半身浴がよいでしょう。

❺ 浴槽の種類

浴槽には、一人で入る家庭浴槽や複数で入ることができる大きめの浴槽、臥床や座位姿勢で入る特殊浴槽まで、さまざまな種類があります。身体の状況に合わせて、浴槽を選択します。

❻ 家庭浴槽等での入浴介助の流れ

1 入浴前の準備

・利用者に入浴することを伝え、入浴しようと思う意欲を高めます。
・着替える衣服を利用者とともに用意し、脱衣室に準備します。
・脱衣室や浴室内で使用する物品を、使いやすい位置に配置します。
・脱衣室や浴室の室温は22℃±2℃、浴槽の湯は40℃前後になるよう設定します。
・湯温を確認するときは湯をしっかり撹拌し、浴槽の上下で温度差がないようにします。
・体温・血圧・脈拍などバイタルチェックをし、排泄をすませた後、脱衣室に誘導します。

2 脱衣室での介助

・いすに腰かけ、脱衣してもらいます。
・麻痺がある人の着脱介助は、脱健着患*で行います。
・脱衣後は身体にタオルをかけるなど、寒さや羞恥心に配慮します。
・着脱時や洗身時に利用者の身体状況を確認し、傷などがあるときは看護師に伝えます。
・脱衣室の床が水で濡れた場合は、転倒予防のため、すぐ拭き取ります。
・脱衣室から浴室までの移動は、利用者の身体状況により対応方法を変えます。

＊麻痺や障害のない健側から脱ぎ、麻痺や障害のある患側から着ること。

3 浴室での介助

- 床が濡れていることが多いため、利用者、介助者とも転倒やバランス崩れに注意します。
- シャワーチェアに湯をかけ、冷たさを感じないよう温めてから座ってもらいます。
- 利用者に湯をかけるときは、介助者の前腕の内側で湯温を確認し、利用者にも確かめてもらってから、足元など身体の末端（心臓より遠い方）から中枢（心臓部）に向かってかけます。
- 身体や髪を洗うときは、利用者が自分でできるところは自分で洗ってもらい、できない部分を介助して洗います。
- 身体を洗い終わったら、転倒しないように、床の泡やぬめりを洗い流します。
- 家庭浴槽に入る場合は、浴槽の縁と同じ高さのシャワーチェアを置き、立ったまままたいで出入りする不安定な姿勢ではなく、座って安全に出入りできるようにします。

◆浴槽内での姿勢

　湯の中は浮力がはたらくため、体が浮きやすくなります。頭が後ろになり、お尻が前にずれると溺れやすくなります（図 2-1-11、図 2-1-12）。

- 湯船から出たらあがり湯をかけ、タオルで水分を拭き取ってから、脱衣室に移動し

図 2-1-11　安定した座位姿勢

図 2-1-12　身体が不安定なとき

図 2-1-13　特殊浴槽の入浴介助における配慮すべき点

安全点検や操作方法の理解
・浴槽の設備点検や安全な機械操作ができるようにしておく必要があります。

転落の予防
・ストレッチャーなどから転落しないよう、安全ベルト、サイドフェンス、手すりを必ず使用します。

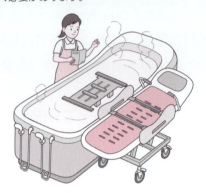
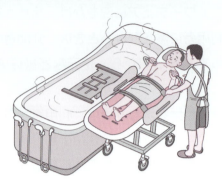

浴槽内での安全姿勢の保持
・湯に浸かると、安全ベルトを締めていても浮力で身体が浮いたり、逆にバランスをくずして湯に沈み込んでしまうことがあります。ベルトを適切に締め直したり、腋から支え、安定した姿勢が保持できるようにします。

湯から出ている身体への配慮
・寝たまま湯に入ると、胸部や肩が湯に浸からず寒さを感じやすいため、湯で温めたタオルを身体にかけ、適宜タオルに湯をかけて、湯から出ている部分を温めます。

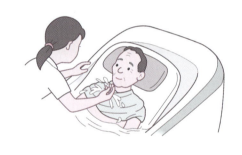

ます。
・使用物はもとに戻し、次の入浴がはじまってもその場を離れずに介助できるようにします。

4　脱衣室等での介助

・気化熱による湯冷めを防ぐため、タオルで身体についた水滴をよく拭き取ります。
・利用者に自分の衣服か確認し、新しい衣服を着用してもらいます。
・必要に応じて保湿剤を塗布したり、看護師に処置してもらいます。
・ドライヤーで髪を乾かしてブラシで整え、爪切りや耳掃除などを行います。
・発汗によって血液の濃度が増すため、居室等に戻った後、水分の補給を促します。

5 入浴後の後片づけ

- 浴室や脱衣室の掃除と整理整頓を行い、シャンプーなど必要物品の補充を行います。
- 利用者の入浴時の様子や身体の状態などを記録します。

❼ 特殊浴槽での入浴介助の流れ

　特殊浴槽は、付属のシャワーチェアやストレッチャーなどを使い、身体状況に応じて、座位または臥床のまま湯に浸かることができます。介助方法は、基本的に前述の「家庭浴槽等での入浴介助の流れ」の方法に準じて行います。ここでは、特殊浴槽を使った入浴介助のとき、特に配慮すべき点を図 2-1-13 に述べます。

5 排泄介助のポイント

　排泄介助を行う場合は、介助を受ける羞恥心やプライドなどに配慮し、利用者の尊厳を守る支援であることを忘れないように心がけることが重要です。また、排泄物は体調を知るために重要なものでもあるので、きちんと観察することも忘れてはなりません。

❶ 尿・便の性状

　尿や便の性質は、表 2-1-3 のとおりです。状況を確認し、異常の早期発見に努めます。

❷ 状況に合わせた方法の選択

1 尿失禁の種類

　尿失禁の種類は、表 2-1-4 のとおりです。失禁のある場合は、時間を見計らってトイレ誘導したり、おむつなどを使用したりすることもあります。

2 便秘の種類

　高齢者の多くは便秘に悩んでいます。便秘の種類は、表 2-1-5 のとおりです。

3 排泄用具と適応

　排泄用具とその適応については、表 2-1-6 のとおりです。

表 2-1-3　尿と便の性質

	尿			便
回数	1日：4～6回　　頻尿：10回以上		回数	1～2回
色	淡黄色、透明		色	黄褐色
量	1000～1500ml		量	100～200g
臭い	時間経過によりアンモニア臭になる		形	有形軟便

表 2-1-4　尿失禁の種類

腹圧性尿失禁	咳やくしゃみ等により腹圧がかかると尿が漏れてしまう。 例：女性に多い
切迫性尿失禁	我慢できない尿意があり、トイレまで間に合わず漏れてしまう。 例：脳血管障害、脊髄損傷、パーキンソン病など
溢流性尿失禁	前立腺肥大症に伴う尿閉などにより、尿が少しずつ漏れる。 例：前立腺肥大症、前立腺がんなど
機能性尿失禁	泌尿器には問題はないが、認知機能や運動機能の低下などにより失禁してしまう。 例：認知症、脳血管障害後遺症、関節リウマチなど
反射性尿失禁	脊髄損傷などにより、尿意がなく尿失禁してしまう。 例：脊髄損傷など

表 2-1-5　便秘の種類

機能性便秘	弛緩性便秘	大腸の蠕動運動の低下によって起こる結腸性便秘。
	排便困難症	排便反射が低下し排便に困難をきたす直腸性便秘。
	痙攣性便秘	腸内で痙攣性収縮が起こり、腸の内容物が移動できない。
器質性便秘		腫瘍や炎症などで腸管が通過障害を起こした場合や病気に伴うものがある。

表 2-1-6　排泄用具と適応

用具	適応
ポータブルトイレ（プラスチック製、木製）	立位は可能だが、トイレまで歩行できない人がベッドサイドに置いて使用する。
はくタイプ（下着型）のおむつ（リハビリパンツ）	歩行はできるが、トイレまで間に合わない人や失禁がある人が使用する。
テープタイプのおむつ 軽度用タイプ（尿取りパッド）	テープタイプのおむつは失禁のある人が使用するが、尿取りパッドはおむつと一緒に使用し、少量の排尿の場合に尿取りパッドのみ交換する。
便器・女性用尿器・男性用尿器	尿意・便意はあるが、寝たきりでトイレやポータブルトイレに移乗できない人が使用する。

4 ポータブルトイレの介助

立ち上がって向きを変え移乗することを説明し、了承を得てから行います。

①足先を整え、前傾姿勢で立ち上がる。しっかり立っているかどうか確認する。

②身体をゆっくりポータブルトイレの向きに変える。

③ズボンを下げ、ポータブルトイレの位置を確認し、前傾姿勢で座ってもらう。

④バスタオルをかけ、手の届くところに物品を置く。いったん、離れることを伝える。

⑤排泄が終了したら、体調と陰部を拭けたかどうか確認し、ゆっくり立ってもらい衣類を整える。

⑥ゆっくりベッドの方に回転してお尻を突き出すように深く座ってもらう。

5 パッド交換

トイレなどで立った状態で交換する方法です。はくタイプ(下着型)のおむつでは、パッド交換を次のような方法で行います。

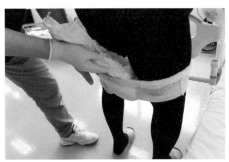

①後方から介助をする。
パッドに排尿のあることを確認する。陰部・尿道・肛門の順に清拭をする。

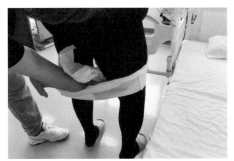

②パッドを取り替える。
装着感を確認し衣服を整える。

6 おむつ交換

事前に声をかけて、おむつを交換する前におむつのテープを外して開いておきます。

その後、排尿、排便の状態を観察します。

①使用したおむつを手前に引き出し内側に折りたたむ。陰部洗浄は外陰部をぬるま湯で洗い流す。陰部清拭は清拭タオルで中心部を上から下に向かってタオルの面を替えながら拭く。

②側臥位にし、臀部・肛門を清拭し皮膚の状態を観察する。汚れたおむつを臀部で丸め、新しいおむつとパッドを半分に折り込み、腸骨部にあて臀部に入れる。

③ゆっくり仰臥位にもどし尿取りパッドを鼠径部に沿わせ、ふっくらとあてる。

④おむつを引き上げ中心を合わせて広げる。下側のテープ→上側のテープの順に留める。腹部が圧迫されていないか指を入れて確認する。

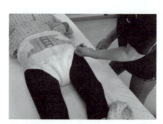
⑤おむつの内側にあるギャザーを指で外側に掘り起こし尿漏れを防ぐ。

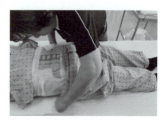
⑥ズボンを引き上げ整える。

6 食事介助のポイント

❶ 食事の意義

食事には、必要な栄養をとって生命を維持するだけでなく、満足感や楽しみを得たり、人間関係の結びつきを強くしたりするなどの意義があります（図2-1-14）。

❷「おいしく食べる」を支える基礎知識

1 献立に興味をもってもらうために

利用者は、自分で料理をつくらず、提供された食事を食べることが多く、食事に対して受け身になりやすいため、主体的にかかわってもらえるようなはたらきかけが必要になります。

そのため、これから食べる食事の材料や調理法について話したり、調理過程を見て

図 2-1-14　食事の三つの意義

生理的な意義

・生命や身体の維持を図り、活動に必要なエネルギーを確保します。
・五感を刺激し、脳を活性化させます。
・口や腕など、身体各部の運動機能を使います。
・朝昼晩の認識を促し、生活リズムを調整します。

心理的な意義

・食欲が充足され、満足感が得られます。
・ストレス解消を促し、安心感が得られます。
・食べる順番を決定するなど主体性を発揮できます。
・食事にまつわる思い出を喚起します。

社会的な意義

・コミュニケーションの場として、他者と社会的関係を形成しやすくします。
・地域の食文化を伝承する機会になります。
・食事マナーを獲得する場となります。

もらうことでイメージできるようにします。また、献立に関する思い出を聞くことも有効でしょう。そのほか、献立を複数にして利用者に選んでもらったり、鍋や流しそうめんなど季節を感じられる献立にすることによって、興味を引き出せる可能性があります。

2 利用者の身体状態に応じた自助具や食器の工夫

利用者が自分で食事をとることは、自分が食べたい物を食べたい順番で食べる楽しみをもち、できることを広げていく大切な生活行為です。介護職には、作業療法士など専門職との連携を図りながら、利用者が自分の力で自由に食べられる自助具や食器の使用を検討することが重要になります。どの自助具や食器が利用者に合うのかは、実際に使用してみないとわかりません。利用者に使ってもらいながら、その人に合った自助具や食器を検討していきましょう。

3 食事環境への配慮

食事を楽しむには、食事環境を整えることが大切になります。食事をとるときは、食堂など、寝る場所から離れると、生活にメリハリが生まれ、生活意欲の向上が図れます。ポータブルトイレや使用前のおむつなどは、食べるときに見える位置にあると食欲がわきにくいため、見えない位置に移動しましょう。食卓周辺には、安全性に配

図 2-1-15 摂食・嚥下の 5 分類

先行期（認知期）

- 食べ物を認知し、どのように食べるか判断します。
- 唾液が分泌され、腸全体の蠕動運動が促されます。
- →食欲があり、きちんと目覚めていることが大切です。安全に食べられるよう食事姿勢を整えます。視覚、嗅覚、聴覚、触覚などを刺激し、食欲がわくようはたらきかけます。

口腔準備期（準備期）

- 食べ物を口に取り込み（捕食）、咀嚼して食塊*を形成します。
- →口唇が閉じないと、食べ物の取り込みや咽頭への送り込み、安全な飲み込みができません。口唇の閉鎖が弱い場合は、指で閉鎖を補助します。

口腔期

- 舌の運動によって食塊を咽頭に送り込みます。
- →利用者が飲み込んだ後、食べ物が口の中のどの位置で、どのように残っているか確認すると、その人に適した食形態の検討や、誤嚥防止の機能訓練を行う手がかりになります。

咽頭期

- 食塊を飲み込んで食道に送ります。
- 飲み込む際、呼吸は一時的に停止します（約 0.5 秒。嚥下性無呼吸という）。
- →約 0.5 秒で食塊をすべて食道に送るためには、強く飲み込むよう促します。飲み込んだ後に喉でごろごろと音がしたり、飲んだ直後にむせる場合は、専門職に連絡することが必要になります。

食道期

- 食塊が食道の蠕動運動と重力によって、胃へ送り込まれます。
- →食塊が食道から胃に入るまで 30 分かかります。嚥下物の逆流を防ぐため、食後 30 分位は座位姿勢をとるようにします。

出典：牧野日和「食べる支援に欠かせない基本的心得（2）——食べるメカニズムを理解する」『おはよう 21』第 27 巻第 9 号、61 頁、2016 年をもとに作成

---

*食べ物をかみくだいて唾液と混ぜ、飲み込むのに適した状態になったもののこと。食塊形成には、歯の外側や頬側に食べ物が落ちないように、歯だけでなく頬と舌も重要なはたらきをします。

慮しながら急須や茶筒、ポットなどを置くと、食事の雰囲気が出ます。また、食べるときに一緒にいる人も、おいしさや楽しさに影響をおよぼします。介護職も食事環境の一部であることを意識して、利用者がおいしく食べることを支援しましょう。

4 摂食・嚥下の五つの過程

摂食・嚥下は人が食べる一連の流れであり、五つのステージに分類して考えることができます（図 2-1-15）。

❸ 安全で的確な食事介助の方法

1 食事の姿勢

利用者の身体状況や嚥下能力に合わせて、座位（図 2-1-16）またはベッドをギャッチアップ（30〜60度）し、体位を整えます（図 2-1-17）。

図 2-1-16　座位姿勢

- ややかたい座面のいすに骨盤が安定するよう深く腰かけます。
- 誤嚥を防ぐため、あごをひき、やや前屈みの姿勢をとります。
- テーブルは、自然に両肘を置ける高さにします。
- 足底を床につけ、下半身を安定させます。
- 胴体をまっすぐにし、左右の肩、膝を水平にします。
- 身体が倒れてしまう場合は、クッション等で安定させます。
- 車いすに座ったまま食事をする場合には、あごをひいた前屈みの姿勢になるよう、背中にクッションをあてたり、足底を床につけるなどを行います。

図 2-1-17　ベッド上の姿勢

- 利用者の臀部の下縁をベッド分岐部に合わせます。
- ベッドを上げるときは、足側→上体側の順で動作を繰り返し、上体側を目的の位置まで上げます（自力摂取時は60度、ベッド挙上による安定姿勢が図れない時は30度）。
- 背抜き、足抜きを行い、背部や下肢に生じた圧を除圧します。
- 足底にクッションなどを置き、足底を安定させます。
- 身体をまっすぐにし、頭から骨盤までは座位で食べるときと同じ姿勢にします（あごと胸骨の間隔は4横指程度）。
- 自力摂取時、テーブルの位置は肘の高さに合わせます。

2 食事介助の手順

- 利用者の食事介助に必要な物品をそろえます（エプロンやおしぼり、自助具など）。
- 利用者にこれから食事することを伝え、食べたいと思う意欲を高めます。
- 利用者の身の回りの準備をします（体調や排泄の確認、おしぼりなどで手指を清潔にする、義歯を装着する、食事の姿勢に整えるなど）。
- 配膳の際は、食札と利用者名を確認してから配膳します（食事形態や内容が利用者に合っているか、禁忌の食材ではないかなども確認します）。
- 汁物などへのとろみづけが必要な場合や食前薬は、配膳する前に準備します。
- 食事は利用者が認識できる位置に配膳し、献立の説明をします。
- 摂食・嚥下がしやすくなるよう1口目は湯茶などの水分からすすめ、口の中を湿らせます。
- 利用者と同じ目の高さの姿勢（座位）で介助します（図2-1-18）。
- 料理は利用者に見せながらスプーンなどですくい、目下で止めて見せてから口に運びます。
- スプーンは正面下方から口の中に入れ、舌中央に食べ物を置いて口を閉じてもらい、あごが上がらないよう気をつけながらスプーンのカーブに沿って斜め上にゆっくり引きます。
- 舌に運動麻痺があるときは、非麻痺側の舌に食べ物をのせ、送り込みを補助します。
- 咀嚼・嚥下状態を観察し、嚥下を確認してから次の食べ物を口に入れます。
- 1回の食事時間は、疲労による誤嚥を起こさないよう30～40分程度にします。
- 食べ終わったら食事残量を確認し、下膳します。
- 服薬介助や口腔ケアを行います。
- 利用者の姿勢を整え、逆流による誤嚥予防のため30分くらいは横にならないよう伝えます。

図2-1-18　食事介助時の介助者の位置

良い例

悪い例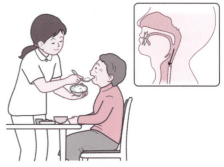

・食事量や食事中の様子などを記録します。

※少しでも自分で食べられるときは、見守りや一部介助（スプーンの把持(はじ)に手を添える、肘と手を補助して口に運ぶなど）を行い、できる限り自己摂取できるよう支援します。

3 視覚障害者への食事介助

配膳の際は、机を時計の文字盤に見立てて献立を説明する（クロックポジション）と、食器位置が把握(はあく)しやすくなります（5時の位置にみそ汁、7時の位置にご飯など）。説明は、利用者の手を取って食器の位置を確認してもらいながら、食事内容がイメージできるよう話します。アレルギーや好き嫌いがある場合があるので、食材も説明します。食事の様子を見ながら、食べ物が残っている量を伝えます。

4 脱水の予防

成人の1日あたりの水分摂取量の必要量は、食事から1000ml、食事以外の飲み物から1000～1500mlが目安です。高齢者は、喉の渇きを感じにくいため、水分摂取量を把握し、水分補給を促す必要があります。食事以外の時間でこまめに摂れるよう、利用者のベッド周囲など手が伸ばせるところに好みの水分が入った容器を置いたり、一つの動作を行うたびに（排泄介助後や移動介助後など）水分を摂ってもらうなどの工夫をします。

7 口腔ケア

❶ 口腔ケアの必要性

口腔内はいつも唾液によってうるおっています。唾液は1日に1000～1500ml出ます。唾液にはアミラーゼという消化酵素が含まれていて、炭水化物の消化を行っています。

また、唾液には抗菌作用や免疫作用(めんえきさよう)などがあり、私たちの身体を微生物から守っています。そして、口腔内はおよそ37℃くらいに保たれていて、細菌が繁殖しやすい状況にあります。このため、口腔ケアは口腔内を清潔にし、細菌から身を守る大切なケアといえます。口腔内に細菌などが付着しやすい時間は睡眠中だといわれています。睡眠中は唾液の分泌が少なくなるためです。このため、食事の有無(うむ)にかかわらず、就(しゅう)

表 2-1-7　高齢者に多くみられる一般的な口腔機能の変化

機能	状況
咀嚼力のおとろえ、低下	かたいものが食べにくくなる。
歯の本数の減少	うまく咀嚼できなくなる、義歯を使用するようになる。
唾液の分泌量の減少	細菌の付着しやすい環境になる、誤嚥の原因になる。
嚥下力の衰え、むせ	飲み込みが悪くなる、誤嚥性肺炎の原因になる。
免疫力の低下	感染しやすく、肺炎の可能性が高くなる。
味覚障害の出現	おいしさを感じなくなる。
咳や痰が出やすい	咽頭部への負担が増す。

　寝前には口腔ケアを行うとともに、朝起きたときは食事を摂る前にうがいをすることも重要です。

　さらに、唾液が減少すると味がよくわからなくなります。口腔ケアを行うことにより、口の中が爽快になるばかりでなく、口腔内の細菌などから身を守り、肺炎や口腔内の疾患を予防するとともに、生きる源である食事をおいしく食べることにつながります。

❷ 加齢に伴う口腔機能の変化

　加齢に伴い、口腔機能はおとろえます。唾液の分泌や咀嚼力が低下し、口臭や口の渇きなどの症状が多くみられるようになります（表 2-1-7）。さらに、誤嚥性肺炎や歯周病などの原因にもなります。歯だけではなく、歯肉やその他の口腔の状況を把握し、その人に合った方法で、口腔内を清潔にし、整えることが重要です。

❸ 虫歯になりやすい場所

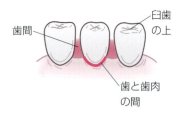

　歯間や歯と歯肉の間など、特に虫歯になりやすい場所があります。口腔内をよく観察し、やさしく丁寧にみがくことが重要です。

❹ 歯ブラシによる口腔ケアの方法

1 口腔ケアに用いる清掃用具

・歯ブラシの種類として、ワンタフトブラシ（歯間用）、一般的なブラシ、スポンジブラシなどがあります。

- 舌ブラシの種類として、口腔清拭用ブラシ（頭のところがやわらかいものや回転するもの）などがあります。
- 開口保持器具があります。

　これらの歯ブラシ、舌ブラシを利用者の状況によって使い分けます。

2 歯ブラシの持ち方

　歯ブラシは鉛筆を持つように持つか、歯ブラシの柄を力を入れず、支えるように持ちます。

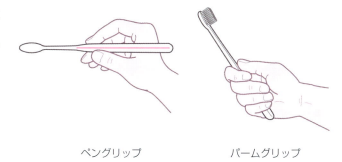

　　　　　　　　ペングリップ　　　　　　パームグリップ

3 歯みがきの方法

　歯みがきにはスクラッピング法やバス法などがあります。歯ブラシをさまざまな角度で歯や歯茎にあて、力を入れずに振動させるようにみがきます。

＜スクラッピング法＞

　歯ブラシを歯の面に垂直にあて、振動させるようにみがきます。あまり大きく動かさず、歯の平らな面を清掃します。歯肉のマッサージ効果もあります。

＜バス法＞

　歯肉に対して45度に歯ブラシをあて、振動させるようにみがきます。歯肉に付着しているよごれ（プラーク）が除去されるとともに、歯肉のマッサージ効果もあります。

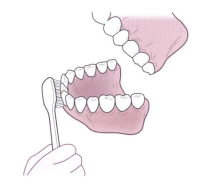

4 口腔ケアの手順

　口腔ケアの手順は、以下のとおりです。

① 最初に、体位を整え、うがいをします。座位で行う場合は足底が床にきちんとつ

くように姿勢を整えます。ベッド上でみがく場合は、ベッドの背もたれの角度を30〜45度にし、顔を横に向けます。麻痺がある場合は、健側を下にして横に向きます。

② 上の歯の奥歯（左右）の外側から前歯に向けてみがきます。特に歯間は汚れやすいので、丁寧にみがきます。歯ブラシにかける力は、150〜200gくらいが適切です。歯みがき粉は1cmほど歯ブラシの上に取ります。

③ 次に上の歯の左右の内側と口蓋（こうがい）をみがきます。

④ 続いて下の歯を上の歯の順番と同じようにみがきます。

⑤ さらに舌の左右と中央をみがきます。

⑥ 最後にもう一度うがいをします。

5 口腔内保湿剤の使用

口腔内は加齢や季節、薬の副作用などで乾燥（かんそう）する場合があります。口腔内が乾燥すると、亀裂が入りやすくなったり、誤嚥性肺炎を起こす場合があります。保湿剤は口腔ケアをしっかり行ったあとで、口腔粘膜（こうくうねんまく）に塗布します。口腔内保湿剤には、さまざまな種類があります。

6 舌苔の除去

唾液の減少や口腔機能の低下により、舌苔（ぜったい）が付着する場合があります。栄養分の吸収障害や口腔機能の低下によって、舌の粘膜が薄くなると傷つきやすくなるため、生体の防御反応として舌苔が付着します。このため、舌苔をむりやり取ると、かえって感染を起こしやすくなるので、歯科医師や歯科衛生士に相談することが重要です。

❺ 口腔内清拭

口腔内清拭は、口腔内の炎症で痛みを伴ったり出血傾向があって、歯ブラシによる清潔保持が難しい場合、口腔の粘膜を清潔にしたり、保湿剤を塗布するときに行います。口腔内清拭にはスポンジブラシや歯ブラシの先端がやわらかく、丸くなっているものなどを利用します。スポンジブラシ等は濡らしてよくしぼって使用します。歯のみならず、頬の内側もマッサージをするように丁寧に拭きます。

❻ 洗口液について

洗口液は虫歯や歯周病、口臭、口腔内感染症などの予防のために用います。歯みがきなどが終わった後にうがいをしますが、うがいが終わった後に洗口液を使うとより清潔になります。よく使用されるのが、レモン水やお茶です。また、薬品ではイソジ

ンガーグルなどで、いずれも水で薄めて使用します。爽快感もあるため、口腔ケアの最後に用いるとよいでしょう。

❼ 義歯の手入れ

1 義歯の種類

総入れ歯と、部分入れ歯があります。

2 義歯の着脱

① 入れるときは「上の入れ歯から」、はずすときは「下の入れ歯から」行います。
② 両手で持ち、同じ力で同じ一方向にはずし、装着する場合はその逆の方向から入れます。

3 義歯の手入れ

① 清潔に保つため、義歯は毎食後に手入れをします。
② 誤飲を防止し、歯を休ませるために就寝前ははずします。
③ 義歯専用の歯ブラシや洗浄剤を使用し、水かぬるま湯で手入れします。
④ 保管は、決まった容器に水を入れて保管します。

4 義歯使用の留意点

義歯はオーダーメイドですが、徐々に合わなくなる場合があります。その人に合っているか観察することが重要です。また、清潔な義歯を使うことや義歯を乾燥させたり、かたいブラシでこすって傷をつけたりしないようにします。義歯は食べ物の咀嚼を補塡し、栄養状態にも影響をおよぼす大切なものなので、正しく使用することが重要です。

❽ 唾液腺マッサージ

唾液の分泌促進には唾液腺マッサージが有効です。それぞれの箇所を食前に5～10回ほど軽くマッサージすることにより、唾液の口腔内への分泌が促されます。

8 疾患別介護技術のポイント

❶ 介護が必要な主な疾患

　2016（平成28）年の「国民生活基礎調査」（厚生労働省）によると、65歳以上の人が介護を必要とする主な原因疾患は「認知症」が18.0％、「脳血管疾患」が16.6％、「高齢による衰弱」が13.3％、「骨折・転倒」が12.1％となっています。また、介護現場では心疾患や呼吸器疾患などの内部障害、精神疾患を有する高齢者が増加し、どのように介護したらよいかわからないという声も聞きます。

　そこで、介護職が日頃の介護場面で困っているこれらの疾患について、介護上の留意点や介護方法について述べることにします。基本の介護技術については第2章第1節1〜7で、認知症については第2章第2節の「認知症ケア」で学びます。

❷ 脳血管疾患のある利用者に対する介護技術のポイント

　脳血管疾患では脳の機能が障害を受けることにより、さまざまな症状がみられます。また、障害の程度は人によって異なります。障害の程度に合わせ、理学療法士などのリハビリテーション専門職とよく連携を取りながら、日常生活動作（ADL）を正しく行う必要があります。

　介護技術のポイントは、以下のとおりです。

① 　右片麻痺の場合は失語症や構音障害がある場合が多いので、声をかける際には、短い文章で、はっきりした口調にします。運動性失語症がある場合は、「閉ざされた質問」にします。

② 　移動介助は、入浴や食事、排泄などのADLに影響を与えるため、利用者の目標に合わせ、介助方法を選択します。特に留意が必要なのは患側（麻痺側）の使い方です。患側は運動障害と感覚障害があるため、どうしても健側を頼りにしがちですが、麻痺側を意識せず置き去りにすると、動作の向上につながりません。自然な動きでもどうしても健側優位になるため、身体のゆがみが生じたりします。また、誤った方法で介助すると、誤用症候群や過用症候群を引き起こします。基本的には健側を十分使いながら、患側も動きに参加させることが重要です。

③ 　入浴では浴室の温度変化に留意します。また、すべりやすいので環境に留意します。入浴や清拭後は水分を補給し、利用者の顔色やバイタルサインなどを確認し、状況変化に気をつけます。

④　座位が取れる人は食卓で食事をします。介助者は健側に位置し、利用者がきちんと飲み込んだかどうか、喉の動きを見て確認します。ベッド上で食事をする人の場合は、健側を下にしてベッドの背もたれを30度以上挙上し、枕をしてあごを引いてもらいます。麻痺があるので、食事の形態や1回の食事の量、飲み込みの確認、こまめな水分の補給に十分留意します。また、咳き込んだりむせたりしやすいため、食後の状態観察が重要です。食事の前後、食事中の観察もしっかり行う必要があります。

⑤　利用者の状況に合わせた排泄方法を選択し、移動や衣類の着脱の技術を十分使って行います。麻痺側に身体がかたよりやすいので、便座からの転落に気をつけます。

⑥　衣類の着脱では脱健着患が原則です。できることはやってもらうために着やすさにも留意し、ボタンをマジックテープにするなどの工夫もしましょう。

❸ パーキンソン病の利用者に対する介護技術のポイント

　パーキンソン病は薬が効いているときとそうでないときの動きが大きく異なるため、サボっているなどの誤解を生じやすい疾患です。パーキンソン病の特徴を知り、心理的にも支援します。また、筋肉が動きづらくなるので、振戦やこきざみな歩行ばかりでなく、顔が無表情にもなります。比較的、午後のほうが動きがなめらかなので、調子のよい時間にできることをやってもらうことが、日常生活行為の維持につながるため重要となります。

　介護技術のポイントは、以下のとおりです。

①　日内変動が生じる場合があるので、調子のよい時間帯に散歩や体操などの運動を行います。

②　誰かがそばにいると緊張し動けなくなることがあるので、できることは遠くで見守ることも重要です。

③　交差する動作も苦手なので、歯みがきや入浴の際に背中を洗うときなどは一方向の単純な動きにして、ゆっくり行うとよいでしょう。

④　床に等間隔で目印の線を入れたり、「1・2・1・2」などの声をきっかけに動くと動きやすくなります。

⑤　介助者があせって手を引っ張るなど、介助者のペースで動いたり、床にマットや絨毯を敷くと歩きにくくなるので避けます。

❹ 呼吸機能障害のある利用者に対する介護技術のポイント

　呼吸器疾患の主訴は呼吸困難や息切れ、咳嗽、喀痰の排泄困難などがあり、徐々に

疲労しやすくなり、食事の摂取量が減ったりして体力が低下し、介助が必要となります。主な治療法には酸素療法や服薬、ネブライザーなどの薬物療法、食事療法、運動療法などがあります。

介護技術のポイントは、以下のとおりです。

① 酸素療法は酸素ボンベや酸素濃縮器を用い、鼻に挿入したカニューレから、酸素を供給する方法です。小型のものは運搬機もあり、外出することもできます。酸素濃縮器は空気中の酸素を濃縮して酸素を供給します。いずれにしても酸素は支燃性（他のものの燃焼を助ける性質）があるので、火気やたばこは厳禁です。

② 室内の温度に気をつけて、外気との極端な温度差を避け、ほこりがたたないよう室内を清潔にします。

③ 肺に負担をかけないよう、急がず、ゆっくり動きます。

④ 入浴は疲れやすいので、部分浴をしたり、浴槽には腰までつかる、時にはシャワー浴にするなど、負担がかからないよう注意します。

⑤ 食べ過ぎると肺を圧迫しやすいので、腹7〜8分目に留めます。また、塩分を摂りすぎるとむくむので、気をつけます。

⑥ いきむことにより、呼吸が苦しくなるため、水分や食物繊維の多いものを摂取し便秘を予防します。

⑦ 医師と相談のうえ、インフルエンザや肺炎球菌ワクチンの接種を受けておくことにより、感染を予防します。また、日常的にうがいや手洗いを習慣づけます。また、日頃から十分な睡眠や休息をしっかりとるように配慮します。

⑧ 呼吸が苦しくなるのを恐れて、安静にばかりしていると筋肉がおとろえ、かえって心肺機能に負担をかける結果となります。そのため、適切な運動が有効ですが、どの程度の運動がいいかは医師の指示が必要です。

⑨ 呼吸をしやすくするための呼吸の訓練・排痰法があります。呼吸の訓練には腹式呼吸や口すぼめ呼吸などがあります。口すぼめ呼吸は呼気時に細く長く息を吐く訓練ですが、理学療法士の指導を受けて適切な方法で行うことが大切です。排痰法はさまざまな体位をとることにより、痰を出しやすくする方法です。

⑩ 呼吸困難は、利用者の生活の質（QOL）に直接ダメージを与えます。もしかしたら死んでしまうのではないかという恐怖心が、その人らしく生きることを妨げることになります。このような心理状況にある利用者に寄り添い、温かく支援することが重要です。

❺ 心機能障害のある利用者に対する介護技術のポイント

心臓の主な疾患には、心筋梗塞や狭心症、心不全などがあります。チアノーゼや呼吸困難、動悸や息切れ、浮腫、時には失神することもありますので、心臓に負担をかけないように留意することが重要です。治療には利尿剤や強心剤、降圧剤、ペースメーカーの植え込み、運動療法などがあります。喫煙は絶対避けます。

介護技術のポイントは、以下のとおりです。

① 心機能障害のある利用者は、さまざまな薬を服用しています。医師から処方された薬が適切に服薬されているか、看護師とともに常に管理することが重要です。
② 塩分や糖分、脂肪分の多い肥満や浮腫を引き起こす食事を避け、バランスのよい食事を心がけます。食後30分くらいは、休息をとることも大切です。
③ 心臓に負担をかけないよう、湯温は38～40℃くらいにし、風呂場と脱衣室の温度に差がないようにします。入浴時間は10分程度です。半身浴にする場合もあります。入浴後は、適切に水分補給することも重要です。
④ いきんで血圧が上がらないよう、便秘をしないように注意します。また、便座も温かくしておきましょう。
⑤ 風邪をひかないよう注意します。

❻ ストーマを造設した利用者に対する介護技術のポイント

近年、大腸がんや膀胱がんの増加で消化器ストーマや尿路ストーマを造設した利用者が増加しています。ストーマとは、消化器や尿路の疾患により、腹部に造設した便や尿の人工の排泄口のことです。自分の腸管などを用い、腹部に穴をあけた後、パウチという袋をつけ排泄口とし、使用します。括約筋がないため、排泄物はパウチに溜まっていきます。介護技術のポイントは、以下のとおりです。

① 人工肛門造設部の皮膚は、感染やただれなどが起きやすくなります。また、パウチの装着が適切でないと排泄物の漏れの原因になります。ストーマ部位の皮膚の観察とパウチが適切に装着されているか、排泄物の性状などを観察します。
② パウチ内の排泄物の処理は、姿勢を工夫すれば、トイレで行うことができます。衣服が汚れないように注意しながら、パウチの下から排泄物を出します。
③ シャワー浴や入浴は、パウチ内を空にしてから行います。パウチには耐水性があるので、つけたまま入ることができます。
④ 消化器ストーマの場合、ニラやにんにくなどは臭いの原因になりますし、ゴボウやさつまいもなどはガスが発生しやすいので、外出などの状況を見計らって摂取量

の加減をします。ただし、食べ物に制限はなく、バランスのとれた食事を心がけることが重要です。
⑤　心理面での支援も必要です。また、ストーマ用品の選択や使用方法のトレーニングも必要になりますので、ストーマ造設後も医療機関との連携が欠かせません。
⑥　最近は、駅のトイレや新幹線にもストーマ専用のトイレが設置されていますので、設置場所の確認も必要となります。

❼ 精神疾患のある利用者に対する介護技術のポイント

近年、精神疾患のある利用者が増えています。精神疾患の多くは慢性疾患で、服薬による治療が主流です。介護技術のポイントは、以下のとおりです。
①　症状がよくなっても勝手に薬をやめてはいけません。
②　副作用に注意することも重要です。
③　高齢者の場合は薬の作用が強く現れることがあるので、注意します。
④　特有のこだわりや知覚のゆがみなどがあることを理解し、話の内容が非現実的なものであっても、傾聴に努め、否定しないように努めます。
⑤　できることは自分でやってもらい、自信をつけてもらうよう心がけます。
⑥　本人の孤立を回避し、精神保健医療関係者との連携を密接に行います。

9　リハビリテーション・機能訓練のポイント

❶ リハビリテーションとは

リハビリテーションの語源・定義・意味を、表2-1-8 に示します。定義で大切なのは、リハビリテーションとは身体機能の維持・改善だけではなく、身体・心理・社会・職業・経済などの面で全人間的復権を目指すものであるという点です。また、一

表2-1-8　リハビリテーションの語源・定義・意味

語源	re＝再び、habilis＝適する（再び適した状態になること）
定義	障害者が身体的・心理的・社会的・職業的・経済的有効性を最大限に回復すること（1943年全米リハビリテーション協議会）
意味	狭義：治療や訓練によって身体的、精神的に健康な状態に回復すること 広義：一度失った地位や名誉を回復すること（全人間的復権）。再びその人らしく生活すること（QOLの維持・改善）

般的に医療や介護の現場等では、狭義の意味（治療や訓練によって身体的、精神的に健康な状態に回復すること）でリハビリテーションという言葉が用いられ、機能訓練はその手段の一つといえます。

一方で、広義の意味として「全人間的復権」「QOLの維持・改善」があり、機能訓練は広義のリハビリテーションを達成させる視点で実施される必要があります。また、広義のリハビリテーションの達成（QOLの維持・改善）には、生活機能以外にも、個人因子や環境因子などさまざまな要因が関係します。

つまり、身体・精神機能のいちじるしい回復（狭義のリハビリテーション）が難しい高齢者であっても、周囲の人や環境要因にはたらきかけることや、できないことを補うだけでなく、できることをいかす支援（第2章第5節参照）等により、広義のリハビリテーションは達成可能であるといえます。

❷ リハビリテーションマインドをもったケア

リハビリテーションでは医学モデルと社会（生活）モデル双方の考え方が含まれます（表2-1-9）。例えば、身体機能等の回復の可能性がある場合は医学モデルで支援し、機能訓練等で最大限の改善を目指します。それでも障害が残る部分は、社会モデルにもとづき福祉用具や住宅改修などで、環境にはたらきかけ、生活が自立できるよう支援します。

ケアは社会モデルにもとづき、利用者の代わりに行うこと（代償）ですが、利用者のできることまで行ってしまえば、生活不活発病をきたし、利用者の能力や尊厳を奪うことになります。逆に、医学モデルで利用者のできることを支援しながらケアを行えば、今もっている機能の発揮など機能強化につながります。つまり、医学モデル・社会モデル双方のリハビリテーションマインドをもってケアすること（利用者の能力を見極め、できることは自分で行ってもらい、できないことのみを支援する）で、ケア自体がリハビリテーションとなり、生活の継続や介助量の軽減につながるのです。

表2-1-9　医学モデルと社会（生活）モデル

医学モデル	病気や障害などの問題状況を、医学的な原因に還元して解決策を講じる。問題解決が治療者側の発想にかたよる危険性がある：治療、機能訓練
社会（生活）モデル	人や環境、社会関係など生活のさまざまな側面の相互作用に注目し、環境に適応する力を高め、主体的な問題解決を支援する：残存・潜在能力の活用、代償

❸ 二次障害（生活不活発病）とは

　障害は病気自体によって起こる一次障害と、病気後の生活によって起こる二次障害に分類できます（図 2-1-19）。例えば、脳血管障害で片麻痺を発症するのが一次障害、脳血管障害による片麻痺で、不活発な生活を過ごすことで筋力が低下する（生活不活発病）のが二次障害です。二次障害は生活が原因ですので、ケアで予防できます。

　生活不活発病とは「不使用、固定、運動不足などにより身体の生理機能、代謝が低下し、さまざまな病的状態を呈すること」で、廃用症候群に相当します。具体的には骨粗鬆症、筋力低下、関節拘縮、褥瘡、易疲労性、起立性低血圧などがあります。生活不活発病により筋力低下や易疲労性を呈したり、関節拘縮により痛み等が出現すると、さらに不活発になるという悪循環を生み、寝たきりになるリスクを高めます（図 2-1-20）。また、表 2-1-10 に生活不活発病による各組織の変化と、改善に必要な期間を示します。機能低下にかかる期間と比較して、一度失った機能の改善には長い期間が必要であることがわかります。つまり、生活不活発病を予防し、活動的な生活を送ることが重要なのです。

図 2-1-19　障害の種類

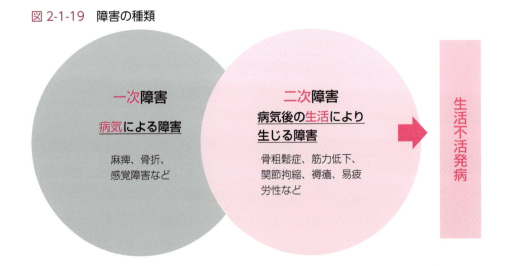

コラム：白雪姫
　物語のなかで、白雪姫は毒りんごを食べさせられ、眠らされます。あるとき、王子様のキスで目を覚まし、ハッピーエンドとなります。しかし現実は眠っている間に生活不活発病が進み、起きただけでめまい（起立性低血圧）や息切れがして、褥瘡や四肢の関節の拘縮のために痛み、とてもつらい思いをすることでしょう。

図 2-1-20 生活不活発病の発生過程とその悪循環

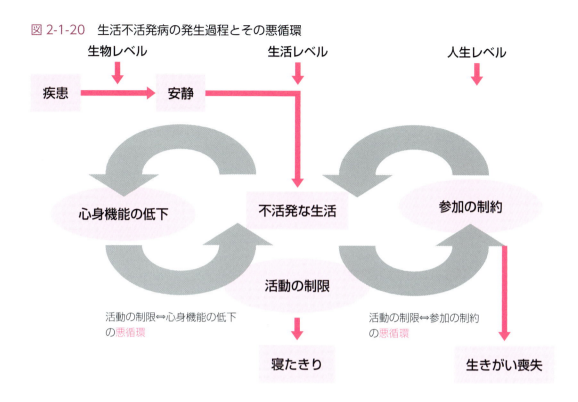

表 2-1-10 生活不活発病による各組織の変化と改善に必要な期間

	変化	改善に必要な期間
骨	1週間：0.5〜1％↓、1か月：2〜4％↓	1週間分：4か月
筋	1日：2〜3％↓、1週間 20％↓、2週間 40％↓	1日分：1週間、1週間分：1か月
関節拘縮	2週間：関節構成組織の変化、3〜4週間：軟骨消失、6週間：骨化（強直）	骨化後は回復不能
褥瘡	30〜40mmHg の圧で血流低下※、200mmHg の圧が2時間以上加わると壊死が始まる。	数十倍の時間が必要

表中の数字はあくまで一般的な値であり、対象者の状態や、体の部位によって異なる。
※褥瘡項目の圧は、血圧を測るときに腕にかかる圧（正常血圧 120mmHg）をふまえると、非常に小さい圧でも血流低下が起こることがわかる。

❹ 生活不活発病の予防

　どのような人であっても爪や髪の毛が伸びない人はいないと思います。これは古い細胞が死に、新しい細胞が生まれている証拠です。このように、人間の骨や筋肉、皮膚は一定期間で古い細胞を壊し、新しくつくり変えることを繰り返しています。例えば、骨は破骨細胞が骨を壊し、骨芽細胞が骨をつくります。骨芽細胞より破骨細胞がはたらくと骨はもろくなり、破骨細胞より骨芽細胞がはたらくと骨は強くなります（図

2-1-21）。生活のなかで身体をしっかり使い、適度な刺激があると、骨芽細胞のはたらきが活性化され新しくできる骨は強いものになります。つまり、人間の身体は適切に使えば「強化」され、使わないと「退化」するのです（ウィルヘルム・ルーによる器官の3原則：表 2-1-11）。活動的な生活を送ることが、生活不活発病（悪循環）を防ぎ、強い身体をつくることとなり、予防リハビリテーション（良循環）となるのです（図 2-1-22）。

❺ 生活のなかでのリハビリテーションと機能訓練の実際

具体的なプログラムや実施方法は第2章第1節の10、第2章第5節で解説します。

❻ 「している ADL」の維持・改善

活動的な生活とはどのような生活でしょうか？　皆さんは意識して活動的に生活していますか？　多くの人が活動的な生活を意識しなくても、生活機能は維持できています。つまり、ふだん行っている、食事・整容・更衣・排泄・入浴・歩行・コミュニケーションなどの ADL や、買い物・調理等の家事、仕事などの手段的日常生活動作（IADL）を行うことが生活機能の維持に役立つのです。ところが、加齢や障害によりADL は低下してきます。したがって、ふだんの「している ADL」＊を増やしたり、維持することが、利用者の生活の継続につながります。

生活不活発病により、「疲れた、寝かせてほしい」と訴える利用者に運動や機能訓練を長時間行ってもらうことは容易ではありません。目的もなく座っていたり、立っているのは退屈で、すぐに疲れてしまいます。一方、好きなことや楽しいこと、役割など目的が明確な場合は疲れません（例えば、テーマパークでアトラクションに何時間も並んでいられるのは、楽しいアトラクションに乗れるから）。つまり、生活のなかで、食事をとるために座る、トイレに行くために歩くなど、運動と意識せず運動する、生活のなかでのリハビリテーション（生活リハビリテーション）が効果的です。そのような生活のなかで運動と意識せず行う運動を非運動性活動熱産生（NEAT）と呼びます。歩くことは、座っているより3倍エネルギーを使うとされています。また、最大筋力の 20〜35％の負荷量（普通の生活で発揮している程度の力）、1日1時間程度の荷重（立ち座り・歩行）で筋力が維持できるとされています。同じ排泄でも、おむつを使用しベッド上で排泄、車いすで介助されてトイレで排泄、車いすを自分で

＊ふだん、生活のなかで行っている ADL を「している ADL」、リハビリテーション場面など意識すれば行える ADL を「できる ADL」といいます。「できるのに、していない」という「できる ADL」と「している ADL」のギャップを少なくする支援が重要です。機能訓練は、「している ADL」の維持・改善に結びつく必要があります。

操作してトイレで排泄、歩いてトイレで排泄など、その実施方法で活動量や生活機能の維持効果が異なってきます。

図 2-1-21 骨代謝とそのバランス

骨代謝：1サイクル 4 か月、1年で 20 ～ 30％が、筋肉（同化、異化）：1か月で60％が、皮膚：1か月で100％が、新しいものに替わる

表 2-1-11 ウィルヘルム・ルーによる器官の3原則

①適度に使うと発達する。
②使わなければ退化する。
③過度に使えば障害を起こす。

図 2-1-22 活動的な生活による良循環

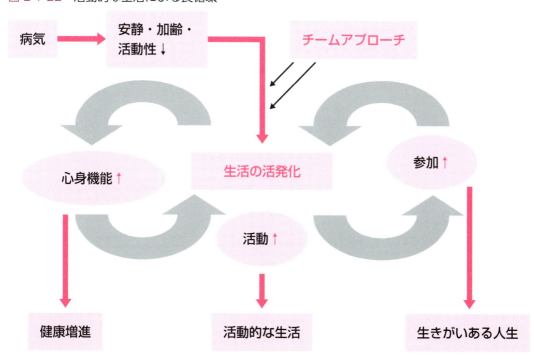

図 2-1-23　ケアチーム

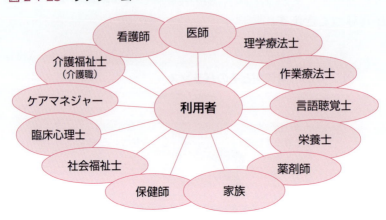

❼ 多職種によるチームアプローチ

　生活には多様な因子が関連しています。そのため生活支援も多様な視点で検討することが効果的です。つまり、介護職、医師、看護師、薬剤師、生活相談員、栄養士、リハビリテーション専門職など多職種チームでアプローチします（図 2-1-23）。そのなかで、介護職は利用者の生活をよく知っているので、その生活状況や問題点、目標などを他職種と積極的に情報交換することで、多面的な支援が可能となります。しかし、高齢者施設では多様な専門職が在籍していない場合もあります。地域に各専門職団体の相談窓口等がありますので、そのような組織との連携も重要です。

10　介護予防の視点とポイント

❶ 介護予防とは

　介護予防とは「高齢者が要介護状態に陥ることなく、健康でいきいきとした生活を過ごせるように支援すること、また要介護状態にあっても重度化しないように支援すること」[2] です。介護予防の対象は一次予防（健康維持・増進）、二次予防（早期発見）、三次予防（重度化予防）に分けられます（図 2-1-24）。つまり、健常高齢者、虚弱高齢者、要介護高齢者のどのレベルであっても介護予防の視点が必要といえます。

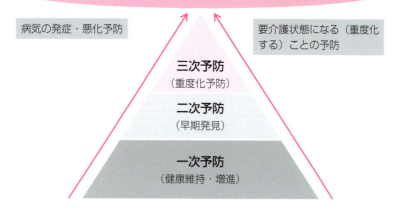

図 2-1-24　介護予防における三つの対象

図 2-1-25　平均寿命と健康寿命（2013（平成 25）年）

❷ 健康寿命の延伸

　健康寿命とは健康で過ごせる期間であり、寿命から健康寿命を引いた期間が不健康寿命（痛みなど何らかの不都合がある状態）です。一般的に、不健康寿命は約 10 年程度とされており、そのうち最後の 2 〜 3 年は要介護状態であるとされています。つまり、できる限り健康寿命を延ばし、自立期間を長くすることが、利用者の生活の継続、尊厳の保持に重要となります（図 2-1-25）。

❸ 老年症候群の予防

　図 2-1-26 に日本人の死因と要介護原因を示します。比較すると、死因と要介護原

図 2-1-26　日本人の死因と要介護原因

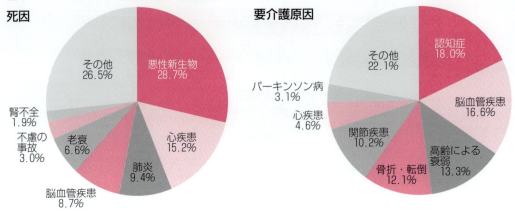

死因と要介護原因は異なる。健康寿命を延ばすためには老年症候群の予防。

出典：厚生労働省「平成27年（2015）人口動態統計（確定数の概況）」「平成28年国民生活基礎調査」にもとづき著者作成

表 2-1-12　主な老年症候群

フレイル（虚弱）、サルコペニア（筋力低下）、ロコモティブシンドローム（運動器症候群）、骨粗鬆症、転倒、低栄養、認知症、うつ、めまい、しびれ、失禁、便秘、脱水、浮腫など50以上

因が異なることがわかります。つまり、寿命を延ばしたい場合は死因の予防が、健康寿命を延ばしたい場合は要介護原因の予防が必要であり、その対策は異なるのです。要介護原因の多数（約50％）を占める、認知症、高齢による衰弱、関節疾患、骨折・転倒は、加齢に伴う心身機能低下による生活機能障害であり、老年症候群といいます（表2-1-12）。介護予防で重要なのは老年症候群の予防といえます。

　また要介護原因は性別により異なり、女性の軽度者に関節疾患や認知症が多く、男性は脳血管障害が多いため、対象者の性別をふまえて予防プログラムが選択される必要があります（女性はロコモティブシンドローム対策、男性はメタボリックシンドローム対策）。主な老年症候群を以下に示します。

① **フレイル**（虚弱）：生理的予備能（移動能力、筋力、バランス、運動処理能力、認知機能、栄養状態、持久力、日常生活の活動性など広範な要素が含まれる）が低下し、種々のストレスに対する抵抗性が低下することにより、生活機能障害や要介護状態、死亡等のリスクが高まった状態をいいます。健常と要介護の中間的な状態であり、要介護への移行リスクが高い一方で、適切な介入により健常に戻ることが可能な状態です。ここでは、身体的フレイルの診断基準を表2-1-13に示します。ケアのなかで、これらの項目の変化に注意する必要があります。

② **サルコペニア**（加齢性筋肉減少症）：ギリシャ語のサルコ（sarco）＝筋肉とペ

表 2-1-13　身体的フレイルの診断基準

①体重減少	6か月間で2〜3kg以上の減少
②筋力低下	握力：男性＜26kg、女性＜18kg
③歩行速度低下	通常歩行速度＜1.0m/s
④易疲労性	（ここ2週間）わけもなく疲れた感じがする
⑤活動低下	「軽い運動・体操をしていますか」 「定期的な運動・スポーツをしていますか」 いずれの質問も「していない」と回答

上記5項目のうち、3つ以上該当＝フレイル

出典：佐竹昭介ほか「フレイルの進行に関わる要因に関する研究」長寿医療研究開発費平成27年度総括研究報告を一部改変

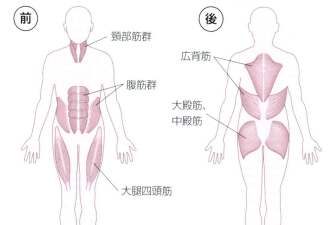

図 2-1-27　サルコペニアを起こしやすい筋肉

出典：Israel, S., *Strength and Power in Sport*, Wiley-Black well, pp.319-328, 1992. を一部改変

ニア（penia）＝喪失を合わせた言葉です。加齢に伴う筋量や筋力の低下をいいます。25歳から筋力低下が始まり、50歳を過ぎると年1％筋力が低下するとされています。また、下肢筋力は上肢筋力より1.5倍低下しやすいとされており、体幹や下肢の大きな筋肉で、立ち座り、歩行、立位姿勢を保つ際にはたらく筋肉が低下しやすいとされています（図 2-1-27）。

③　ロコモティブシンドローム（運動器症候群）：運動器とは、骨・関節・靱帯、脊椎・脊髄、筋肉・腱、末梢神経など、体を支え（支持）、動かす（運動・移動）役割をする器官の総称であり、運動器の障害により要介護になるリスクの高い状態を

表 2-1-14　MCI の診断基準

①以前と比較して認知機能が低下している。
②複雑な ADL（複雑な仕事や金銭の取り扱い、初めての場所への旅行など）に障害はあっても日常生活は自立している。

出典：Winblad, B., et al., 'Mild cognitive impairment – beyond controversies, towards a consensus : report of the International Working Group on Mild Cognitive Impairment', Journal of Internal Medicine, 256(3), pp.240-246, 2004. を一部改変

いいます。骨密度は、男性が 30 歳から直線的に低下するのに対して、女性は 50 歳から急激に低下します。また、関節軟骨は 30 歳から摩耗が始まり、60 歳代では 80％、80 歳代では 100％何らかの軟骨の摩耗があるとされています。

④　老嚥（老人性嚥下機能低下）・オーラルフレイル（口腔機能低下）：加齢に伴う摂食嚥下・口腔機能の低下をいいます。加齢に伴い、かむ力や舌の筋力、飲み込む力が低下します。かむ力が弱くなると、やわらかい食べ物ばかりを食べるようになり、栄養素がかたよります（新型栄養失調＊）。栄養素のかたよりが、骨粗鬆症や筋力低下など他の老年症候群を加速させる場合もあります。

⑤　軽度認知障害（MCI）：健常と認知症の中間的な状態であり、健常と比較して認知症の発症リスクが 10 倍高い一方で、この段階で生活を見直すことで 3 割は健常に戻ることが可能とされています。診断基準を、表 2-1-14 に示します。近年では認知症予防に運動が有効であることが示されており、サルコペニアやロコモティブシンドロームで活動量が低下することが認知症発症リスクを高める可能性もあります。

❹ 老年症候群の特徴

老年症候群の特徴を、表 2-1-15 に示します。老年症候群は加齢に伴う変化であり、病気とはいえず、また致命的なものではありません。さらに、初期では生活に支障をきたすことは少ないため、気づかれにくく、また予防活動にも結びつきにくいという特徴があります。

表 2-1-15　老年症候群の特徴

・病気とはいえない。
・致命的ではない。
・初期には生活への支障が少ない。
・複数の症状が相互に影響する。

＊エネルギーが不足する従来の栄養失調とは異なり、エネルギーは足りているが栄養素のかたよりをきたした状態のこと。

図 2-1-28　フレイルの悪循環

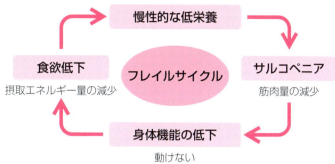

出典：Xue, Q.L., et al., 'Initial manifestations of frailty criteria and the development of frailty phenotype in the Women's Health and Aging Study Ⅱ', *Journal of Gerontology : MEDICAL SCIENCES*, 63(9), pp.984-990, 2008. を一部改変

　例えば、通常の日常生活は最大筋力の30％程度の力で行うことができます。そのため、サルコペニアにより20〜30％の筋力低下があっても生活に支障をきたしません。しかし、つまずいた場合などには、ふだん発揮する以上の筋力を発揮して踏ん張る必要があります。サルコペニアによる筋力低下をきたしている人がつまずくと、踏ん張りがきかず、転倒・骨折等につながります。

　つまり、われわれはいざというときのために余力（予備力）をもって生活していますが、老年症候群によりその余力が減るため、病気やけがをしやすくなるのです。また上記で述べたように、複数の老年症候群が互いに影響し合い、悪循環を形成します（図 2-1-28）。

❺ 生活のなかでの介護予防（サクセスフルエイジングと社会貢献）

　障害のある高齢者は、三つの障害をかかえています（表 2-1-16）。厳密にこの三つの障害を区別することは難しいですが、原因が異なれば、症状やその対応方法も変える必要があり、区別する視点が必要です。例えば、筋力低下の原因が病気であれば回復が難しいかもしれません。一方、生活不活発病や老年症候群であれば筋力トレーニングで改善可能かもしれません。さらに、筋力トレーニングに並行して、生活不活発病では活動的な生活になるようなアプローチが有効かもしれません。老年症候群では栄養状態など他の老年症候群の評価・介入が有効かもしません。

　図 2-1-29 に示すように、フレイルには多様性があります。そのため、一つの症状に特化して介入するのではなく、生活全体を活動的にする必要があります。具体的には国際生活機能分類（ICF）にもとづき、心身機能、活動・参加にバランスよくはたらきかけることが重要です。老年症候群を予防し、幸福な老いを迎えるための条件と

表 2-1-16　高齢者がかかえる三つの障害

①一次障害（病気自体による障害）
②二次障害（生活不活発病による障害）
③加齢による障害（老年症候群）

図 2-1-29　フレイルの多様性

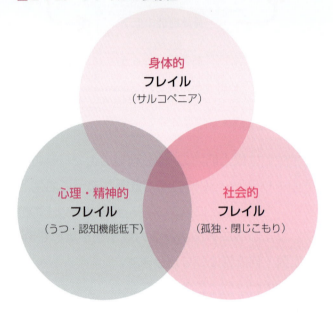

表 2-1-17　サクセスフルエイジング

①病気や障害がない
②高い生活機能を維持する
③社会貢献

出典：Rowe, J.W., Kahn, R.L., *Successful Aging*, Pantheon, 1998. を一部改変

表 2-1-18　社会貢献の種類

①有償労働（自営や専門的仕事）
②無償労働（家庭菜園、家事など）
③ボランティア活動
④近隣の助け合い（互助）
⑤健康に気をつける（自助）

出典：Kahn, R.L., 'Productive Behaviour : Assessment, Determinants, and Effects', *Journal of the American Geriatrics Society*, 31(12), pp.750-757, 1983. を一部改変

してサクセスフルエイジングという概念が提唱されており（表 2-1-17）、そのなかの社会貢献の種類が示されています（表 2-1-18）。施設の内・外を問わず、社会参加・貢献できるような仕掛けづくりが、老年症候群を予防し、介護予防に有効と考えられます。

❻ 実際のプログラム

ここでは、利用者の活動性を維持するために重要な立ち座りを楽にするストレッチ（図2-1-30）と筋トレ（図2-1-31）を紹介します。1日3セット行うとよいでしょう。

図2-1-30　立ち上がりを楽にするストレッチ

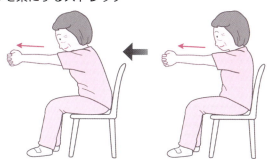

背もたれから背中を離していすに座り、背筋を伸ばし、両手を正面で組む。1、2、3、4で組んだ手をまっすぐ前に伸ばし、5、6、7、8で戻る（4回）。手を前に伸ばす際は、組んだ手の位置が上がったり、下がったりせず、まっすぐ正面に伸ばす。その際、背中は伸び、骨盤が前傾し、しっかり重心が前に行き、足に体重がかかり、足を踏ん張る。この運動で立ち上がりの際の重心の前方移動を促すことや、足の踏ん張りの強化が期待でき、立ち上がりが楽になる。

出典：前橋市福祉部介護高齢課「ピンシャン！元気体操」をもとに著者作成

図2-1-31　立ち上がりを楽にする筋トレ

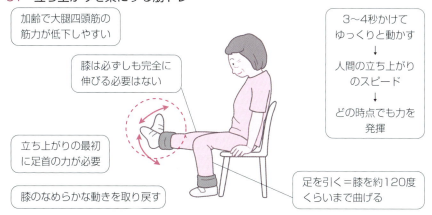

背もたれから背中を離していすに座り、膝を曲げ、足をしっかり引いた状態から1、2、3、4で膝を伸ばし、5、6、7、8で曲げる（左右8回ずつ）。膝を伸ばした際はつま先を自分の顔の方へ向け、足首を反らせるとより効果的。立ち上がりに必要なももの筋力がきたえられ、膝の痛みの予防・軽減効果も期待できる。

出典：群馬県地域リハ広域支援センター「暮らしを拡げる10の筋力トレーニングパンフレット」を一部改変

引用文献

1) 日本褥瘡学会「用語集」 http://www.jspu.org/jpn/journal/yougo.html
2) 鈴木隆雄・島田裕之・大渕修一監『完全版 介護予防マニュアル』法研、20頁、2015年

参考文献

- 前川美智子『根拠からわかる介護技術の基本』中央法規出版、2008年
- 井口恭一『イラスト わかりやすい移動のしかた――患者と介護者のために 第4版』三輪書店、2015年
- 小川鑛一『看護・介護を助ける姿勢と動作――イラストで学ぶボディメカニクス』東京電機大学出版局、2010年
- 北出貴則監『明日から役立つポジショニング実践ハンドブック』アイ・ソネックス、2013年
- 伊藤亮子監『快適な姿勢をサポートするポジショニングコンパクトガイド〜動きを支援する環境つくりのために〜』ケープ、2016年
- 窪田静、栄健一郎『生活環境整備のための"福祉用具"の使い方』日本看護協会出版会、2010年
- 田中マキ子『らくらく&シンプルポジショニング』中山書店、2010年
- 下元佳子『モーションエイド――姿勢・動作の援助理論と実践法』中山書店、2015年
- 医療情報科学研究所編『看護技術がみえる vol.1 基礎看護技術』メディックメディア、2014年
- 日野原重明監、西山悦子『新・介護を支える知識と技術』中央法規出版、2009年
- 高橋龍太郎「高齢者の入浴事故防止のために―入浴に関連した事故調査から」『訪問看護と介護』第8巻第10号、2003年
- 日本介護福祉士養成施設協会編、中村明美・岩井恵子・井上千津子第3巻編者『介護福祉士養成テキスト第3巻 コミュニケーション技術／生活支援技術Ⅰ・Ⅱ』法律文化社、2014年
- 大田仁史・三好春樹監・編著『完全図解 新しい介護』講談社、2003年
- 五十嵐さゆり監、ピーエムシー編著『介護職員養成シリーズ1 テキストとDVDで学ぶ！介護用語 新人介護職員育成編』本の種出版、2015年
- 横浜YMCA編著『介護職員養成シリーズ2 チェックシートとDVDで見える！介護技術』本の種出版、2015年
- 医療情報科学研究所編『看護技術がみえる vol.1 基礎看護技術』メディックメディア、2014年
- 介護福祉士実務者研修テキスト総括編集委員会編、川井太加子・内田千恵子監『介護福祉士資格取得のための実務者研修テキスト 第2巻 介護の基本Ⅰ・Ⅱ』全国社会福祉協議会、2016年
- 牧野日和「第3回食べる支援に欠かせない基本的な心得（2）――食べるメカニズムを理解する」『おはよう21』第27巻第9号、2016年
- 牧野日和「第4回食べる支援に欠かせない基本的な心得（3）――「食べるメカニズム」のとらえ方」『おはよう21』第27巻第10号、2016年
- 吉野知子「Q水分はどのくらい飲んでもらえばいいのですか？」『おはよう21』第22巻第13号、2011年
- 迫田綾子編『図解 ナース必携 誤嚥を防ぐポジショニングと食事ケア――食事のはじめからおわりまで』三輪書店、2013年
- 米山淑子監『超図解 やさしい介護のコツ』朝日新聞出版、2016年
- 坂本虎雄「安全に、美味しく食べるための食介助。」『ハナさん』第31号、2007年
- 東京都高齢者研究・福祉振興財団監、平野浩彦『口腔ケアのアクティビティ』ひかりのくに、2006年
- 三好春樹、中島知夏子ほか『新しい介護学 生活づくりの食事ケア』雲母書房、2008年
- 阿曽洋子、井上智子、氏家幸子『基礎看護技術 第7版』医学書院、2011年
- 福祉士養成講座編集委員会編『新版介護福祉士養成講座⑭ 形態別介護技術 第3版』中央法規出版、2006年
- 介護福祉士養成講座編集委員会編『新・介護福祉士養成講座⑦ 生活支援技術Ⅱ 第3版』中央法規出版、2014年
- 介護福祉士養成講座編集委員会編『新・介護福祉士養成講座⑧ 生活支援技術Ⅲ 第3版』中央法規出版、2014年

第2節 認知症ケア

1 認知症ケアの基礎理解

❶ 認知症とは？

　認知機能の低下によって生活管理が困難になり、支援が必要な状態になったら認知症です。ただし、せん妄などの意識障害やうつ病などの精神疾患とは区別します。認知症は生活障害をもたらし、初期には生活管理が困難となりますが、進行すると生活行為に支援が必要になり、重度になると身体機能も低下します。そして、発症から10〜15年の経過で、寝たきり、手足の随意的な運動はなくなり、発語もなく、尿便失禁、嚥下困難で死に至ります。最期は経管栄養をしてもしなくても、認知症で死ぬという理解が必要です（したがって、終末期の経管栄養は医学的には無益です）。

❷ 認知症ケアのためのアセスメント

　適切な認知症のケアを行うには、脳病変(認知症の原因疾患)によって、どのような認知機能が低下しているのか、それがどのような生活障害をもたらしているか、どのような認知症の行動・心理症状（BPSD）があるかなどを包括的にアセスメントする必要があります（図2-2-1）。こうした包括的・全人的な評価にもとづいて、その人の生活を支えるにはどんなケアが必要かを考えて支援を行います。認知症であればもの忘れ対策のケアといった、単純なものではないのです。

❸ 認知症ケアは他の病気のケアとどこが異なる？

　認知症ケアには他の疾患のケアと異なる特徴があります。
① 病識（病気の自覚）が低下していて、自分へのケアが必要な状況だと理解できていないため、ケアを拒否したり、ケアに対して礼を言わないという特徴があります。このため、「ケアしてあげる」という態度では拒絶されます。「少しでもあなたの役に立ちたい、あなたのお役に立てれば幸せです」という謙虚な態度で接すると、受け入れてもらえる可能性があります。また、何か作業を行ってもらう場合も、「これしてください」とお願いするのではなく、「この仕方を教えてください」という依頼方法でうまくいきます。

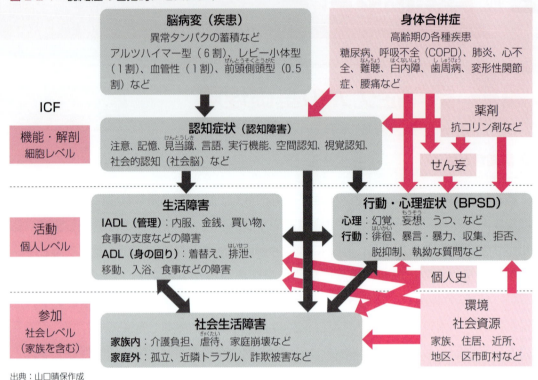

図 2-2-1　認知症の包括的アセスメント

出典：山口晴保作成

② 記憶障害により出来事がつながらず（時間軸を失い）、そのときそのときを生きています。したがって、そのときそのときに、その人が納得のいく接し方をします。例えば、夕飯を待てないでいる利用者に「夕食は6時だから、あと30分待っていてくださいね」とお願いするのが有効なのは、認知症ではない場合です。アルツハイマー型認知症で記憶・見当識の障害があって時間軸を失った人に、このようなスケジュールに沿ったケアは無効です。「夕食はまだか」といわれたら、ただちに「はい、これです」と何か食べ物を出します。つまり、その時素早く対応する、これが認知症ケアの基本です。

③ 自分が壊れていくという不安を背景に、被害的な思考に陥りやすいので、もの盗られ妄想や嫉妬妄想が生じやすい傾向があります。背景にある不安をなくすには、ほめる（賞賛）、役割をもってもらう、本人の言うことを受け入れて共感を示すことが基本です（図 2-2-2）。

④ 認知機能が徐々に低下してきますが、手続き記憶（手慣れた動作の記憶）や感情は残っています。ゆえに、本人ができる作業を行ってもらいます。危険だからとはさみなどを取り上げるのではなく、積極的にはさみなどを使う場面をつくります。また、感情は最期まで保たれているので、本人の表情を見て、笑顔など「快」を増

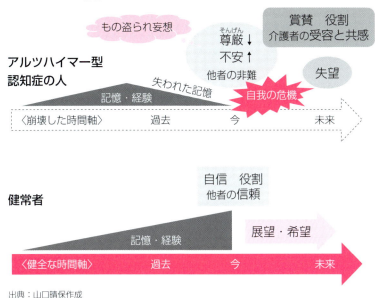

図 2-2-2 アルツハイマー型認知症の人がかかえる困難〜健常者との対比

出典：山口晴保作成

やし、不快な表情をただちに読み取ってその原因を除去します。

このように、認知症の人の特徴をとらえたケアが必要となるのです。

❹ 認知症のタイプ別の特徴は？

認知症の原因疾患によって、ケアが必要な症状が異なります（表 2-2-1）。幻視や脱抑制、スイッチ易怒など、適切な薬剤の併用で激減する症状もあります。

❺ 発症年齢によるケアの違いは？

65 歳以前に発症すると若年性認知症といいます。若年性認知症の特徴は、①身体能力が高い、②初期であれば就労支援で就業が可能なこともある、③子供の養育費など生活費が必要（約 4 割は家計が苦しい）、④診断が遅れる、⑤居場所が少ない（高齢者のデイサービスなどには行きにくいが、若年性認知症専門の施設がとぼしい）などの問題があります。

なお、認知症施策推進総合戦略（新オレンジプラン）にもとづき、都道府県に若年性認知症支援コーディネーターが配置されます。

表 2-2-1　認知症のタイプと代表的な症状へのケア

	症状	ケア
アルツハイマー型認知症	繰り返しの質問	答えを貼っておく。ホワイトボードに書いておく。
	もの盗られ妄想	整理整頓。役割・日課や優しい声かけ→居場所づくり。存在肯定。
	易怒	怒りのスイッチをみつけ、それを避けるようにする。薬剤（ドネペジル）が原因となる場合もある。
レビー小体型認知症	幻視	整理整頓。本人には見えることを肯定したうえで、他の人には見えないことを伝える。
	失神	あわてないで、横にして様子を見る。脳血流が回復すればもとに戻る。
行動障害型前頭側頭型認知症	脱抑制	好きにさせる。行動制限しないですむ環境の調整。
	スイッチ易怒	予測不可能。すぐにかわして気分転換してもらう。
	常同行動	よい行動を繰り返すように仕向ける。
脳血管性認知症	構音障害	筆談。ゆっくりとしゃべってもらう。
	咀嚼嚥下障害	嚥下リハビリテーション。食事形態の配慮。
	アパシー	ほめてやる気を引き出す。

2　認知症ケアの理念

　認知症の人のケアでは、病気に焦点をあてて「治らない」ととらえるのではなく、認知症の人を全人的にとらえて、人格をもった一人の人間としてケアすることが必要です。

❶ パーソン・センタード・ケアとは？

　従来のケアは、介護職や施設側本位で、効率よくケアすることを重視していました。そのため、認知症になった人の気持ちには寄り添っていませんでした。そこで、英国のトム・キットウッドは、その人らしさ（personhood）をケアの中心にすえ、認知症ケアの理念として、パーソン・センタード・ケアを提唱しました（表 2-2-2）。
　personhood とは、「ひとりの人として周囲の社会や人とかかわりを持ち、受け入れられ、尊重され、それを実感している、その人のありさま。人として、相手の気持ちを大事にし、尊重しあうこと、互いに思いやり、寄り添い、信頼しあう、相互関係を含む概念」[1]です。「ひとりの人間として大切な存在」として、自分の気持ちや考

表 2-2-2　パーソン・センタード・ケアと従来のケアの比較

	従来のケア	パーソン・センタード・ケア
文化（culture）	古い文化：偏見や烙印	新しい文化
モデル	医学に基礎をおく	個性（personhood）に基礎をおく
認知症の考え方	脳に病変ができるので、医学的に治らない病気	認知症になっても今もっている能力があり、脳には可塑性（回復力）もある
視点（目線）と対応	介護者目線：困った行動→問題行動と判断し、押さえつけたり、薬で対応	本人目線：その人の心の表れで、その人なりの考えで行動している→原因を探して、適切なケアで対応
とらえ方の具体例	①徘徊 ②暴言	①探検、探索、探し物 ②注意された不満の表れ
本質	介護職の思い込みで、一方的に行うケア	本人の気持ちを察し、その思いに寄り添うケア
本人の尊厳	尊厳を無視し、効率を重視	たえず尊厳に配慮

出典：介護支援専門員テキスト編集委員会編『七訂介護支援専門員基本テキスト 第3巻』長寿社会開発センター、207頁、2015年を一部改変

えをうまく表現できない認知症の人の気持ちを、介護職がくみ取って、認知症の人の意向に沿い、本人の尊厳を傷つけないようにケアすることが大切だと提唱したのです。

認知症の人は「くつろぎ・アイデンティティ・愛着や結びつき・たずさわること・共にあること・愛されること」のニーズをもっています。これを満たそうという人間愛にあふれたケアの理念が、パーソン・センタード・ケアです。これらのニーズが満たされれば、興奮や攻撃的行動などのBPSDは軽減・消失します。「認知症になったら何もわからない」という古い偏見（old culture）を捨てて、その人の心をくみ取り、一人の人間として尊重するケア（new culture）が求められています。認知症の人の尊厳が守られ、今もっている能力をいかして、おだやかに生活できるように支援することが大切です。

表2-2-3に示すよい状態が増え、よくない状態が減ることがケアの目標です。一言に単純化すれば、「笑顔が増えること」です。笑顔が認知症ケアのバロメーターです。

パーソン・センタード・ケアを具現化するツールとして「ひもときシート」が認知症介護研究・研修東京センターで開発され、普及しています（図2-2-3）。介護職が困る一つの症状・行動（問題）に焦点をあて、介護職の視点を変えて本人の視点で考え直して、その症状・行動の理由を探り共感的に理解する。そして、まず共感的態度で接し、それから「本人の気持ち・考え」に最大限配慮した対応策を立てることで、

その症状・行動（問題）を解決します。この記入シートに、生じている問題の現状、種々の要因を書き込み、本人の気持ちを推測して共感し、適切な対応法を導く(みちび)というように、「ひもときシート」を使って本人の望む方向に向けて問題を解決します。

図 2-2-3 「ひもときシート」でパーソン・センタード・ケアを具現化

評価的理解
好き／嫌い　良い／悪い
介護者の視点

（例）帰宅願望（施設入居者の場合）
出て行こうとする、止めると暴力をふるう
介護者：ここに居なければならない、嫌い、大変
目標：（本人が）ここに居たいと思う

介護者による本人の分析的理解
なぜ？　背景は？

なぜ出たいの？　家の状況は？　妻は？
（例）「家に残した妻が寂しがっているから」
薬の影響は？　痛みなど不調は？　ケアは？
居心地は？　ほかの利用者とは？

介護者による共感的理解
本人の気持ちの理解
なるほど　もっともだ

（例）「家に残した妻が寂しがっている」
→まず共感：そうだね。心配だね。見に行きたいよね。
　次いで：明日様子を見に行こう、明日見舞いに来てもらう、今日は残念だけど早く治して帰ろう、代わりに饅頭食べてこれから行こう、その前にお菓子を食べよう……先延ばし
　これから行こう（と、連れて行くのが本来のケア）
◎時間をかけて、本人の居場所・役割をつくり、ここがわが家に

BPSD を介護者視点から本人視点に変えて分析し、共感的理解の上で対応する。
出典：認知症介護研究・研修東京センター監、大久保幸積・宮島渡編集代表『認知症ケアの視点が変わる「ひもときシート」活用ガイドブック』中央法規出版、2013年をもとに作成

表 2-2-3　よい状態とよくない状態

よい状態の目安（サイン）	よくない状態の目安（サイン）
◎表現できること ◎ゆったりしていること ◎周囲の人に対する思いやり ◎ユーモアを示すこと ◎創造的な自己表現 ◎喜びの表現 ◎人に何かをしてあげようとすること ◎自分から社会と接(せっしょく)触すること ◎愛情を示すこと ◎自尊心 　（汚れ、乱れを気にする） ◎あらゆる感情を表現すること	◎がっかりしているときや悲しいときにほったらかしにされている状態 ◎強度の怒り ◎不安 ◎恐怖 ◎退屈 ◎身体的な不快感 ◎体の緊張、こわばり ◎動揺、興奮 ◎無関心、無感動 ◎引きこもり ◎力のある他人に抵抗することが困難

よい状態とよくない状態は、明確に二分されるのではなく、さまざまな要素の影響で容易に変化します。
出典：認知症介護研究・研修大府センター「パーソン・センタード・ケアってなに？」http://www.dcm-obu.jp/images/book/pamphlet02.pdf を一部改変

❷ ユマニチュード

　ユマニチュードは、比較的重度の認知症の人への、ケアの理念と技法です[2]。重度になって他者とのコミュニケーションがとれなくなると、一日中放置されて声かけも減り、人間らしさが失われていきます。そんな状態に陥った人でも、「あなたのことを私は大切に思っています」というメッセージを常に伝え続けると、こころを開いてコミュニケーションが可能となります。一人の人間として他者から尊重され、尊厳が保たれた関係性こそが人間らしさです。この「あなたは大切な人ですとメッセージを与え続けるケア」が、ユマニチュードです。ユマニチュードは、このような理念をベースにして実用的な150以上の技法（ケアテクニック）を盛り込んでいますので、認知症ケアにいかせる技術が満載です。パーソン・センタード・ケアは理念だけで技法がないのと対照的です。

3　認知症の症状（中核症状）のケア

　病変の影響として、記憶障害などの認知症の症状が出現します。基本的には治りにくい症状なので、どのように代償する（足りないところを補う）かが対応の基本となります。健常者なら当たり前にできることができなくなる。それが片麻痺のように障害が目に見えるのではなく、認知症では障害が目に見えないため、ケアのプロは病態を理解して障害に気づいて対応する必要があります。

❶ 記憶・見当識障害

　「同じことを何度もたずねる」は、高頻度に出現する症状です。本人は初めてたずねているつもりでも、何度もたずねられる介護職は心的ストレスを感じます。それでも丁寧に答えるのがよいケアですが、①ホワイトボードなどを使って答えを書いておく、いつも決まった質問なら答えをあちこちに貼っておくなど、答える回数を減らす工夫があります。しかし、「なぜ質問するのか」と考えてみると、不安が背景に隠れていることがあります。であれば、この不安を取り除くことが根本的な解決策になります。記憶がつながらなくて時間軸を失い（前述の図2-2-2）、不安がいっぱいの利用者に、②「覚えていなくても大丈夫」「いつでもいいよ」というおおらかな態度で接することと、その人の居場所や役割をつくることが基本的な解決になるでしょう。

❷ 実行機能障害

　段取りができなくなりますので、段取りを代行します。例えば、調理を代行して役割を取り上げてしまうのではなく、どんな手順で作業するかという段取りの部分を代われば、本人は作業ができます。介護職は監督しながら「次は○○ですね」などと、口頭で説明するだけでよいのです。

❸ 判断力の低下

　適切な判断が徐々に難しくなっていきます。病期に応じて、本人が意思判断できるように、本人が覚えていない情報を提供するなどの支援をする必要があり、本人主体を維持しつつ一緒に判断します。これを shared decision making といいます。

❹ 視覚認知障害（失認）

　進行すると、注意機能が低下して、周辺視野へ注意が向かなくなり、見えている範囲が狭くなります（正面しか見えていない）。また、正面に見えている物品でも、視覚認知機能（見たものが何だかわかる）が低下します。例えば、目の前のごはんやおかずを食べ物と認知できなくなってしまいます。この場合は、香りで誘う、鮮やかな色の食材で見えやすくする、ごはんは白なので色のついたご飯茶碗によそうなど、コントラストを明瞭にして認知の誤り（失認）を減らします。

❺ 失行

　重度になるといすの座り方もわからず、いすの前で立っているだけになったりします。このとき、大腿後面を手でさすると、それがきっかけで腰を落として座ることができます。また、お辞儀のように前屈みの姿勢にして、股関節部を前から押すと座ることができます。このようなコツを知らないで、上から一生懸命押さえつけても座ってくれません。洋式トイレでは、便器を認識できない（失認）、使い方がわからない（失行）ことがあり、介助が必要になります。

❻ 脱抑制や常同行動

　行動を我慢できない脱抑制、同じ動作や作業を何度も繰り返さずにいられない常同行動（こだわり）は、前頭葉や側頭葉が障害されると出現する症状です。基本は止めさせず、自由にしてもらいます。止めさせると、怒って暴力に結びつく場合があります。しかし、その行為が他者に危害を加えるような場合は、薬剤が必要です。

4 BPSDのケア

　介護職が困るBPSDは適切な医療とケアで多くが予防でき、また大部分が改善するものです。だからこそ、認知症の正しい理解と適切な医療ケアが必要になります。そして、「おだやかな生活を継続（けいぞく）すること」が認知症医療の一番のアウトカムです。

　介護が大変であることは否定しませんが、その介護のなかにひそんでいる小さな幸せに気づける介護職は、燃え尽きることもなく、うつになることもなく、介護を続けられます。この「幸せへの気づき」の心理教育が有効です。

　認知症の本質は「病識が低下すること」であると示しましたが、この本質を理解していると、「ちゃんとしてよ」「しっかりしてよ」などの注意・叱責（しっせき）を減らすことができ、BPSDの予防につながります。BPSDの多くは対人関係のなかで生じます。その関係性を改善するにはどちらかが変わらなければなりませんが、認知症の人は病識（病気の自覚）が低いことが多く、変わる力を失っています（だからこそ認知症です）。介護職側が変われば、その関係性が改善し、BPSDを予防することができます。

❶ 妄想

　もの盗られ妄想が代表です。自分がしまい忘れたりして、「見つからない」「盗られた」と言い出す理由を考えてみましょう。見つからない原因を他人のせいにすることで、自分は救われます。人間は追い詰められると責任を転嫁し、救われるのです。他人を犯人に仕立てるのは、それだけ本人が追い詰められている証拠です。

　そのため、温かい目で見守る必要があります。背景にある不安や喪失感へのアプローチ、つまり日課や役割があり、周囲から受け入れられる存在で、ほめられたり認められるという心理的なサポートが根本的な解決に結びつきます。

❷ 幻視

　幻視があれば、まずレビー小体型認知症を疑います。何もないのに見えるというものよりも、何かの模様や物体を動物や人物に見間違えるという錯視（さくし）が多いです。

　ご飯にかけたふりかけを指して「小さな虫がいっぱいいる」、庭の木立を見て「人が何人もいる」などと言ったりします。環境調整で部屋を片づけたり、模様のあるものをなくしたり、影が出ないよう照明を明るくしたりして、幻視を減らします。

　また、幻視はBPSDに分類されますが、認知症状（いわゆる中核症状）でもあり、多くは薬剤が有効で消失します。

❸ アパシー

　アパシーは、興味が薄れ、意欲が低下し、やる気がない、身体を動かそうとしない状態です。放っておけば一日中寝ています。悲観的な気分のうつとは異なり、本人はさして困っていません。やる気を引き出すにはほめることが一番有効です。意欲を高め、楽しい作業の習慣がついて身体を動かすことが認知症の進行遅延に有効です。

❹ 易怒性

　易怒性がみられたら、ドネペジルなどのアセチルコリンを増やすアルツハイマー型認知症治療薬の投与を確認します。もし処方されている場合は、この種の薬剤を減量あるいは中止することでよくなる場合が多いです。

　ケアでは「怒りのスイッチ」をみつけます。どんなときに怒るか観察するのです。「どんなときにイライラしますか」と、本人に直接たずねてみるのもよいでしょう。その「怒りのスイッチ」を押さないようにすることで、怒りを防げます。

❺ 暴言・暴力

　原因がはっきりしないのに突然怒り出したり暴力をふるうようなときは、原疾患が行動障害型前頭側頭型認知症であれば、ケアに加えて薬剤でのコントロールも必要です。アルツハイマー型認知症であれば、ケアの力で、おおむね落ち着かせることができます。本人の嫌がることをしないのが基本ですが、背景因子を探します。「入りたくない施設に入れられた」というような不満が原因の場合、自宅に帰ってもらえば問題は解決するのですが、そうはいかないのが現実です。今いる場所が心地よく、その人には役割があって、周囲から認められる存在になるようなケアが必要です。

❻ 徘徊・無断外出

　うろつき回る徘徊には、見当識障害で場所がわからなくなる場合（アルツハイマー型認知症に多い）と、常同行動で同じ経路を回り続ける場合（前頭側頭型認知症に多い）があります。施設の外に出ようとする場合は、そこにいたくない（帰宅願望）や、外でやることがある（子どもの食事の用意、買い物、散髪など）などの理由があります。その理由を探り、対処するのがケアの基本です。買い物や散髪が理由なら、そこに一緒に行けばよいのです。

❼ 異食

食べ物でないものを食べてしまう異食は、①食べ物と見間違えて食べてしまう（失認）の場合と、②手当たり次第何でも口に入れてしまう（脱抑制・常同行動）場合があります。いずれも認知症が進行すると出てきます。食べると危険なものは片づけますが、そうでないものは食べても問題視する必要はないでしょう。

5 認知症の生活障害のケア

認知症は生活障害を引き起こすので、生活に関するケアが必要になります。

❶ 待つケアは能力を引き出すケア

施設では中重度認知症の人が多いと思います。施設ケアはパーソン・センタード・ケアの理念で行うことはもちろんですが、日本人は「おせっかい」な介護の傾向が強いと思います。例えば、ゆっくりなら歩けるのに車いすに乗せたり、見守りで着衣できるのに手を出してしまうなど、本人ができることまでしてしまうのは「能力を奪うケア」です（図2-2-4）。

「待つケア」や、できないところだけをさりげなく支援する「失敗を防ぐケア」などの真に求められる「自立支援のケア」（能力をいかす・保つケア）が必要です。待つケアは時間がかかり、その介護職は能力不足と評価され、てきぱきとケアしてあげて早く作業を終える介護職が有能と評価されがちです。施設の管理者や介護職の意識を改めないと、「待つケア＝能力をいかすケア」は普及しないでしょう。

❷ 尊厳を支えるケア

デンマークでは、本人が了解しない限りケアは行いません。無理やり入浴させる、無理やり着替えさせたりは決してしません。これが尊厳を守るケアです。本人の意思をとことん尊重します。ゆえに、本人が自分の意思で立ち上がって転倒しても、基本的には施設の責任は問いません。

日本ではこれを転倒事故ととらえます。事故扱いすることのデメリットとして、事故を防ぐための安全策として目立たない身体拘束や行動制限、能力を奪うケアが生じます。この転倒の問題は、入居時に利用者と介護職と施設で十分に話し合って合意を記録しておくとよいでしょう。

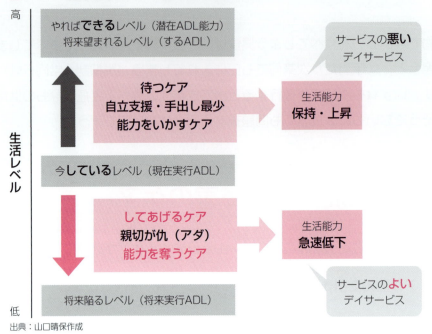

図 2-2-4 能力を奪うケアと能力をいかすケア

出典：山口晴保作成

　介護施設では身体拘束が禁じられています。本人も身体拘束を望むとは思えず、身体拘束は基本的人権を奪い、日本国憲法に違反するという共通認識をもちましょう。

❸ 認知症終末期のケア

　施設では、嚥下障害や終末期の看取りが大きな問題です。看取りを行う施設が増えるなか、利用者は終末期にどのような医療やケアを希望するのかを、入居の時点で本人と家族を交えて合意して記録を残しておくとよいでしょう。

　認知症の多くは、死に向かって進行する病気であり、経過をみていれば、死の時期が近づいていることがわかります。認知症終末期に胃ろう造設（PEG）はしないという選択は、生死の問題ではありません。してもしなくても人は死にます。死を少し先延ばしする期間、本人は幸せなのでしょうか？　認知症終末期の経管栄養は「医学的に無益な延命」であることを、医療職が家族にしっかりと伝えたうえで（インフォームド）、家族の判断（コンセント）をあおぐことが望ましいでしょう。

引用文献
1) 認知症介護研究・研修大府センター「パーソン・センタード・ケアってなに？」 http://www.dcm-obu.jp/images/book/pamphlet02.pdf
2) 本田美和子、イヴ・ジネスト、ロゼット・マレスコッティ、『ユマニチュード入門』医学書院、5頁、2014年

第3節 看取りケア

1 看取りケアを行うために

❶ 看取りケアの考え方

　全国老人福祉施設協議会（以下、老施協）は、2013（平成25）年の「看取り介護実践フォーラム」において、「『看取り』とは近い将来、死が避けられないとされた人に対し、身体的苦痛や精神的苦痛を緩和・軽減するとともに、人生の最期まで尊厳ある生活を支援すること」と明言しています[1]。高齢者施設は、認知症や身体が不自由になって日常生活にさまざまな支障をきたすようになった高齢者が、自宅の代わりに暮らす場であり、その人らしく暮らせるよう支える場です。看取りは、狭義的には人生の最期となる終末期（ターミナル）＊を支えることです。しかし、入所してケアを受けるということは、人生の階段を少しずつ下りて最終章に向かっているということです。そのため広義にとらえると、看取りは入所のときから始まっているといえます。看取りケアは、高齢者が入所してから人生の最終章を閉じるときまで、尊厳をもってその人らしく生きることを支えるケアと考えられます。

❷ 平均寿命と健康寿命

　人が生まれてから死に至るまでの期間を寿命といいます。平均寿命は、0歳児が平均して何年生きられるかを表し、健康寿命は、健康上問題なく心身ともに自立して日常生活が送れる期間を示しています。平均寿命から健康寿命を引いた期間は、日常生活にケアが必要な期間です（2013（平成25）年現在、男性は約9年、女性は約12年となっています）。健康寿命が延びるだけでなく、ケアが必要になっても尊厳が守られ、幸福な日常生活を送ることができる環境づくりが求められます（第2章第1節10の図2-1-25）。

❸ 死因の順位

　2015（平成27）年の「人口動態統計」によれば、日本における死因順位（対前

＊日本老年医学会によれば、「病状が不可逆的かつ進行性で、その時代に可能な限りの治療によっても病状の好転や症状の進行の阻止が期待できなくなり、近い将来の死が不可避となった状態」[2]のことを指します。

年増減率）は、悪性新生物（2.0％）、心疾患（△0.5％）、肺炎（1.1％）、脳血管疾患（△1.7％）、老衰（7.6％）の順で、前年に比べ老衰が増加してきています。

性別でみると、男性は第4位まで変わらず、第5位が不慮の事故、第6位が老衰で、女性は第2位まで変わりませんが、老衰が第3位にあがり、第4位が脳血管疾患、第5位が肺炎の順になっています。

❹ 死への四つのプロセス

病態によってプロセスが異なるため、それぞれに応じた対応を行います。

①突然死

突然の心筋梗塞や脳梗塞などによって亡くなります。死が突然訪れるため、本人の意思確認は難しくなります。

②悪性腫瘍（がん）

亡くなる数週間前に、心身機能が急速に低下して亡くなります。意識や認知機能は通常最期まで保たれるため、本人の希望はかなえやすくなります。

③心臓や肝臓などの臓器不全

一時的な増悪を繰り返しながら、心身機能が低下して亡くなります。急性増悪時には入院することが多く、病院で最期を迎えることが多くなります。

④老衰や認知症など

長い期間にわたり、徐々に心身機能が低下して亡くなります。末期には自力摂食が難しくなり、意識障害などによって意思確認が難しくなります。認知症自体が死因になるという理解が必要です。

2 入居から看取り後までの流れとプロセスに応じたケアの方法

看取りケアは、施設での日々の暮らしを支えるケアの延長線上にあります（図2-3-1）。

❶ 適応期（入居）

適応期は、利用者が新しい生活の場に慣れて他の利用者や職員と信頼関係を築けるようにし、どう暮らしたいかを引き出し、それらが体現できるよう模索する時期です。

図 2-3-1 一般的な入居から終末期後までの流れ

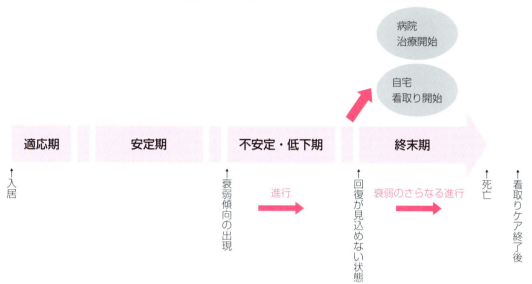

出典：全国老人福祉施設協議会「看取り介護指針・説明支援ツール【平成27年度介護報酬改定対応版】」23頁、2015年を一部改変

1 利用者の心身状態例

・日常生活を送る場となる施設や生活のリズムに身体と心をなじませていきます。
・新しい環境のなかで自分らしさを出せるか、自分の居場所がみつかるか、他者と新たな関係が築けるかなど、さまざまな不安があります。

2 ケア例

・早い段階で利用者や家族との信頼関係を築けるよう努力します。
・利用者と他の利用者のよりよい関係づくりを手助けします。
・利用者の暮らし方を知り、新しい生活に早くなじめるようはたらきかけます。
・今後、加齢や慢性疾患の進行等によって利用者に何が起こってもおかしくないことを利用者や家族に伝え、実際に起こった際あわてないよう、終末期について考えておく必要性を説明します。
・施設の医療体制や看取りの対応などを具体的に説明し、急性増悪したときの対応と連絡方法を確認します。

❷ 安定期

利用者の心身状態が安定していくなかで、今後の生活の希望や思いを聞きながら、それらを実現していく時期です（図2-3-2）。利用者や家族と職員が打ち解けてきて、よいコミュニケーションがとれるようになってきます。さまざまなことを話したり行

図 2-3-2　適応期、安定期

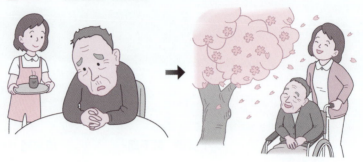

動をともにしながら、利用者の好みややり残していること、行きたい場所、会いたい人などをしっかりと聞くべき時期でもあります。

1 利用者の心身状態例
・施設での生活になじんできて、暮らしのなかでその人らしさが全面的にでてきます。

2 ケア例
・日常生活に対する利用者や家族の希望を知り、実現するよう努めます。
・利用者が現在の状態を少しでも長く維持して暮らせるようサポートします。
・利用者や家族に、急変時の対応や連絡方法を確認します。
・利用者や親族を含んだ家族の終末期に対する考え方や意向を確認します。確認の際は、疑問に対して丁寧に説明し、不安を軽減します。
・利用者や家族の意向は、常に変化するものと理解します。

❸ 不安定・低下期（衰弱傾向の出現と進行）

利用者の身体が衰弱していくなかで、医療職側から利用者や家族に、病態や今後予測される状況（例えば衰弱、回復・維持、看取り等）について説明や情報提供がされる時期です（図 2-3-3）。医療による回復の可能性やその必要性がある場合は、適切な医療を受けられるよう支援します。

1 利用者の心身状態例
・食事摂取量が減ってきます。
・体重が減ってきます。BMI（Body Mass Index）＊が 18.5 未満の場合や、体重減少率＊＊が 6 か月に 2 〜 3kg または減少率が 3% 以上の場合は、低栄養状態と考えられます。

図 2-3-3 不安定・低下期、終末期

- 意欲や元気、活力が低下し、自ら何かしようとすることが減ってきます。
- 自発的な発語が減り、うとうとすることが多くなります。

2 ケア例

- 日常的なケアから衰弱の徴候(ちょうこう)を察知して職員間で情報を共有し、医師に伝えます。
- 家族に利用者の現状を伝え、可能であれば実際の様子をみてもらいます。
- 医師の説明を家族とともに聞き、施設でできる対応や医療内容を丁寧に説明し、利用者や家族の意向（積極的な医療をどこまで求めるか、利用者に負担のかかる医療を望まず、自然経過にまかせるかなど）を確認します。
- これまでのかかわりで得た、利用者が行っておきたい場所、やっておきたいこと、人に会いたいなどの願いをかなえるように努め、生きる意欲を高めます。
- 普通食からやわらか食、ペースト食など、利用者に合わせた食事形態にします。

❹ 終末期Ⅰ（回復が見込めない状態）

医師から、病状の回復が望めず、近い将来死を迎えるであろうと判断された場合に、施設での看取りを受けて終末期を過ごすのか、医療機関に入院するか、自宅に戻るのか選択する時期です。利用者や家族がさまざまな情報のなかから判断し、その人らしい最期の迎え方を選択できるように支援する時期です。

1 ケア例

- 施設でできる看取り体制や行い得る医療行為を丁寧に説明し、意向を確認します。
- 施設での看取りを希望した場合は、介護支援計画や同意書を作成し、同意を得て実

＊ BMI の求め方は、体重（kg）÷（身長（m）×身長（m））です。
＊＊体重減少率の求め方は、（通常の体重（kg）－現在の体重（kg））÷通常の体重（kg）× 100 です。

施します。
・家族に日々の様子を詳細に伝え、利用者や家族の心の揺れなどに真摯に対応します。

❺ 終末期Ⅱ（衰弱のさらなる進行）

　最期のときをより豊かに過ごしてもらうために、多職種がそれぞれの役割やかかわり方、連携方法などを話し合い、協働して利用者や家族を支える時期です。医療面が痛みの軽減など対症療法的な対応となるため、介護職が中心となって、利用者が最期の瞬間まで安心、安楽に過ごせるように支援します。

1 利用者の心身状態例

・食事や水分摂取量が減り、眠って過ごす時間が増えます。
・褥瘡になりやすくなります。
　↓
・衰弱が進み、1日中うとうとして意識が低下した状態になります。
・意味不明な言動や大声を上げるなど、しばしば混乱がみられます。
・食事や水分の摂取量がさらに減ります。
・体温や心拍数、呼吸のリズムが不規則になり、血圧が下がります。
　↓
・尿量が減少し、時には全く出なくなります。
・唾液が飲み込めず、痰も絡まって喉元や肺でゴロゴロという音がしたりします。
・呼吸リズムが不規則になり、次の呼吸が始まるまで30〜45秒かかることがあります。
・血行不良になって手足が冷たく、身体のあちこちが紫色になってきます。

図 2-3-4　その他によくある心身症状

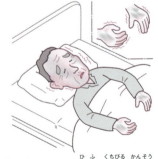

①脱水により、皮膚や唇が乾燥します。

②あごや肩を上下させ、あえぐような呼吸になることがあります。

③亡くなる直前には、呼びかけへの反応がなくなります。

図 2-3-5 ケア例

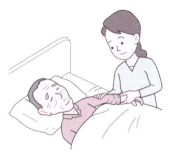

①手足や身体を、やさしくさすります。

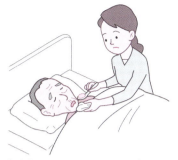

②氷片やアイスクリームなどで、口の渇きをいやします。

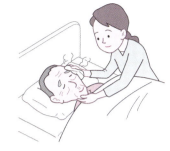

③顔や手などの脂っぽさを温タオルで拭き取ります。

2 ケア例

- 家族に今後起こり得る利用者の状態をこまめに説明し、揺れ動く気持ちに寄り添います。
- 家族が過度に不安をもたないよう、現在の身体状況は自然な経過であることや、苦しそうな呼吸にみえても、低酸素状態で呼吸によって排泄されない二酸化炭素が体内に溜まることで、本人は苦しさを感じていないことを家族に伝えます。
- 今までのかかわりで知り得た好物を提供したり、家族に好物だった物の持ち込みを依頼し、食べたいときに食べたい物を、食べたいだけ食べられるよう工夫します。
- 身体の状態に応じた入浴、清拭、足浴、口腔ケア等の清潔ケアを行って、利用者がさっぱりと心地よい状態でいられるようにします。
- 喉がゴロゴロするときは、顔を横にむけ、上肢を少し高くします。
- おむつは最低限にして通気をよくし、皮膚のかぶれや尿路感染を予防します。
- 褥瘡を防ぐために定期的な体位変換を行い、おむつ交換時などに慎重に膝や手指の屈伸等を行って拘縮予防に努めます。
- 聴力は最期まで保たれるといわれているため、利用者が好きな音楽をかけます。
- 「すること」より「そばにいること」を大切にし、こまめに居室へ訪問して声をかけたり手をにぎるなど、利用者の五感にはたらきかけるケアを行います。
- 家族が訪問する機会が増えるため、看取りの場となる部屋は、家族がくつろげるよういすやソファーを置き、お茶の準備や気軽に使えるトイレなどを整えます。
- 可能であれば、家族にもケアに参加していただきましょう。
- 亡くなるとき（立ち合い希望か等）や亡くなった後どうするか（最期に着用する衣服等）を、家族に確認します。
- 予測されるリスクを医療職と共有し、容体変化時の対応方法を確認しておきます。

❻ 終末期Ⅲ（死亡）

　医師の死亡診断を受けて、家族の心に寄り添いながら、死後の処置＊など最期のお世話をし、お見送り＊＊を行う時期です。

① 利用者の心身状態例
- 亡くなる最期の数分〜数十分間は、下顎呼吸になります。下顎呼吸とは、下顎だけが開いて閉じる呼吸で、呼吸の間に数秒の無呼吸がはさまれます。
- 亡くなると心臓や呼吸が完全に止まり、瞳に光をあてても瞳孔が収縮しません。

② ケア例
- 容体変化を発見した際は、看護師、関係部署に連絡し、医師や家族を待ちます。
- 声かけやスキンシップなどを取りながら利用者の脈拍や呼吸、意識などが徐々に低下していく過程に寄り添います。
- 医師が、死の徴候（呼吸停止、心停止、瞳孔散大・対光反射停止）を確認し、死亡診断を行います。家族に連絡する際、死亡診断が行われていなければ、「亡くなった」と伝えることは不適切です。記録の記入についても同様です。
- 死亡診断時に全細胞が死亡したわけではなく、聴覚等の感覚が残っている可能性があるといわれています。声をかけて思いを伝えたり、やさしく身体をさするなどを行ってもよいでしょう。
- 亡くなった後は、家族が水入らずで過ごすお別れの時間を取ります。下顎関節硬直や腐敗を防ぐため、口腔・眼内・鼻腔ケア、下顎固定、腹部冷却のみ早めに行っておきます。
- 家族の意向を確認しながら、看護師が中心となって介護職とともに死後の処置を行います。可能であれば家族に参加を促し、化粧や着替えなどを一緒に行います。
- 遺体に対しては、生きていたときと同じように接します。
- 死後の処置で入浴をするときは、腐敗の影響を考え、湯温度34〜39℃のシャワー浴が適切です。
- お見送りの際には、家族の承諾を得て、生活をともにした他の利用者がお別れのあいさつをできるようにします。

＊死後の処置は、生前の容姿を保持し、死による変化を目立たないようにすることです。具体的にはクーリング、口腔・眼内・鼻腔ケア、下顎固定、全身清拭、患部等処置、ひげ剃り、衣服着付け、整髪・メイク等があります。
＊＊ここでは亡くなってから、出棺などで施設を出発するまでを指します。

図 2-3-6　遺体に起こる主な変化

・顔の蒼白化（30分〜）
・顔の扁平化（直後〜）
・背中など身体の背面部の死斑（1時間〜）
・臭気（さらに強くなる）

・皮膚の乾燥・脆弱化（直後〜）
・腐敗：腹腔、胸腔、全身へ広がる（6時間〜）
・筋の弛緩・硬直：全身の弛緩後、下顎関節硬直（1時間〜）、上肢硬直・下肢硬直（3時間〜）

※（　）は死後発生時間の目安。ただし、環境や人によって異なります。

③ 遺体に起こる主な変化

日常のなかで、家族は利用者の首から下の身体を見る機会があまりありません。遺体の姿は、これまでの医療やケアがどのようにかかわってきたかを示す、かかわりの通信簿でもあります。不適切な医療やケアを受けると、重度の褥瘡によって強い臭いが発生したり、肘や膝、股の関節が変形したまま拘縮し、棺に納めることができなくなります。人生最期の旅立ちを支える死後の処置を、自信をもって家族と一緒に行うことができるよう、日々のケアを丁寧に行っていくことが求められます。

❼ 看取りケア終了後

家族等へのグリーフケア（心理的支援）に努めながら、家族から施設の看取りケアに対する思いを聴き取り、施設で実施した看取りケアの振り返りと検証を行います。

① 家族等へのグリーフケア（心理的支援）

グリーフ（悲嘆）とは、重要な愛着の対象を喪失する際に感じる失望や思慕、自責等の感情と、死別後の現実に対応しようとする気持ちで揺れ動く、不安定な心身反応を指します。グリーフケアは、こうした悲嘆状態にある人をサポートすることです。

家族へのグリーフケアには、亡くなる前からケアに参加してもらう、傾眠傾向に入った段階で入居時からこれまでの利用者とのエピソードのメモを家族が読めるように準備する、利用者の死に対する家族の語りに静かに耳を傾ける、死後の処置を一緒に行うなどがあります。死後、可能ならばグリーフケアカンファレンスへの出席を促し、利用者の暮らしを偲ぶ機会を設けます。

亡くなる利用者とともに暮らしてきた他の利用者へのグリーフケアも重要です。親しい間柄の人が亡くなったときは、話を聞いたり、寄り添ったり、お別れ会などへの参加を促すなど、心のケアを行います。

② グリーフケアカンファレンス

死後に行うカンファレンスで、家族が参加しない場合は、職員による死後の振り返りカンファレンスを行います。カンファレンスでは、利用者に関する記録からその人との活動などを報告したり、看取りケアにかかわった職員が亡くなった利用者の思い出やエピソードを語り、家族が参加している場合は家族からも話をしてもらいます。利用者という一人の人生を語り合い、協働と相談のなかでかかわった者同士として利用者の看取りを振り返る場となります。

また、こうしたカンファレンスは、利用者が最期の瞬間まで満足でいられたのかを再確認し、次にいかせることは何なのかを検討する機会にもなります。うまくいかなかったことよりできたことをあげ、改善策を話し合って次の看取りケアにいかしていきます。家族が参加しない場合は、施設が行った看取りケアに関するアンケートを依頼します。

❸ 看取りケアを行うときの心構え

看取りケアにかかわる職員は、死を前にした利用者の身体的苦痛や死に対する不安などの精神的苦痛にかかわるとともに、さらにその利用者を支えて看取る家族をもケアします。そのため、とてもストレスが大きく、ストレスにうまく対応ができないと、ケアする職員自身がバーンアウト（燃え尽きる）してしまうおそれがあります。

看取りケアでバーンアウトしないためには、かかわる職員一人ひとりが自分だけの力で解決しようと思わないことです。看取りケアは、チームで利用者や家族を支えています。看取りケアを行うなかで、これでよかったかという迷いや不安、悩みや喜びなどの気持ちを伝え合うことでお互いを支え合い、乗り越えていきます。そのためには職場のなかで、どのようなことでも話し合うことができる環境づくりが大切です。

引用文献

1) 全国老人福祉施設協議会「看取り介護指針・説明支援ツール【平成 27 年度介護報酬改定対応版】」4 頁、2015 年
2) 日本老年医学会「立場表明 2012」1 頁、2012 年

参考文献

- 石飛幸三「巻頭インタビュー 医療は誰のためにあるのか、もう一度考えたい。その先に真の看取りがあり、「平穏死」が待つ。(特集看取りを考える)」『Senior community：医療と介護の経営ジャーナル』94 号、2015 年
- 厚生労働省「平成 25 年簡易生命表の概況」 http://www.mhlw.go.jp/toukei/saikin/hw/life/life13/
- 厚生科学審議会地域保健健康増進栄養部会「健康日本 21（第二次）各目標項目の進捗状況について」2014 年
- 島内節・内田陽子編著『在宅におけるエンドオブライフ・ケア——看護職が知っておくべき基礎知識』ミネルヴァ書房、2015 年
- 厚生労働省「平成 27 年（2015）人口動態統計（確定数）の概況」 http://www.mhlw.go.jp/toukei/saikin/hw/jinkou/kakutei15/
- 厚生労働省「平成 24 年度診療報酬改定について」 http://www.mhlw.go.jp/stf/seisakunitsuite/bunya/kenkou_iryou/iryouhoken/iryouhoken15/
- 全国老人福祉施設協議会「看取り介護指針・説明支援ツール【平成 27 年度介護報酬改定対応版】」2015 年
- 水野敬生『その人らしい看取り支援業務 実践 Q&A50』日総研出版、2015 年
- 長沼信治「医療はどのようにして終末期を支えるか」『おはよう 21』25 巻 13 号、2014 年
- 川上嘉明『はじめてでも怖くない 自然死の看取りケア——穏やかで自然な最期を施設の介護力で支えよう』メディカ出版、2013 年
- 三菱総合研究所「特別養護老人ホームにおける看取り介護ガイドライン—特別養護老人ホームにおける施設サービスの質確保に関する検討報告書——別冊」2007 年
- 塚本憲司「介護職に必要な知識とかかわり」『おはよう 21』25 巻 13 号、2014 年
- 小林光恵『説明できるエンゼルケア——40 の声かけ・説明例』医学書院、2011 年
- 伊藤茂『ご遺体の変化と管理——"死後の処置"に活かす』照林社、2009 年
- 大津秀一『大切な人を看取る作法』大和書房、2014 年
- 鳥海房枝『介護施設におけるターミナルケア——暮らしの場で看取る意味』雲母書房、2011 年

第4節 リスクマネジメント

1 リスクマネジメントとは

❶ リスクマネジメントの意味・考え方

　手慣れて熟練したケアであっても、人はそのなかで思わぬ動きをする特性をもっています。「人はミスを起こすもの＝ヒューマンエラー」という大前提にたつ必要があります。リスクマネジメントとは、危機（リスク）管理（マネジメント）です。

　リスクマネジメント・プロセスの基本は、方針の決定、リスクの認識、リスクの評価・査定、リスクの順位づけ、対応策の立案、対応策の実施、モニタリング、対策の評価・改善です。リスクマネジメントにおいても、業務プロセスの基本であるPDCA（Plan、Do、Check、Action）のサイクルを回すことが重要です（図2-4-1）。

❷ 人と仕事の特性

　人は錯覚を起こすことがあります。また、人が一度に処理できる情報量には限界があるといわれています。つまり、仕事に対する集中力や注意力には限界があるということです。

　一度に多くの仕事をこなそうとすると、エラーが起こりやすくなりますので、作業を分担したり、二重にチェックするなどの工夫が必要です。視覚、聴覚、触覚を活用したり、指示確認を注意深く実行することで、注意力を強化することができます。

図 2-4-1　リスクマネジメントのプロセス

❸ 福祉施設のリスクの特徴

　福祉のサービスは多様であり、性質の異なる業務が1日のなかで断続的に繰り返されます。また、通常、入居型の福祉施設は24時間サービスが継続します。職員がローテーションを組み、チームで業務を引き継ぎながら継続しています。介護職間や他の専門職と意見を交換したり情報を共有することで、リスクを軽減する必要があります。しかも、引き継ぎをしている時間においてもサービスは継続しているので、短時間で有効に行わなければならない状況にあります。

　意思表示が困難である利用者にサービスを提供する場合は、特に専門的な視点で判断して支援しなければならないことが多くあります。安全と健康はもちろんですが、利用者の気持ちに沿いながらサービスを提供することが必要不可欠です。

　また、インフォームド・コンセントを意識する必要があります。日常的に利用者やその家族と円滑にコミュニケーションを図ることも事故が発生したときの対応に大きく影響をおよぼします。

❹ ハインリッヒの法則

　ハインリッヒの法則は、ある工場で発生した労働災害5000件を統計学的に調べ、事故の発生確率を導いたものです。その確率は「1：29：300」で、「重傷」以上の災害が1件あったら、その背後には、29件の「軽傷」を伴う災害が起こり、300件もの「ヒヤリ・ハット」があるというものでした。

　つまり、事故の背景には数多くの危険な行為がひそんでいるということです。

図 2-4-2　ハインリッヒの法則

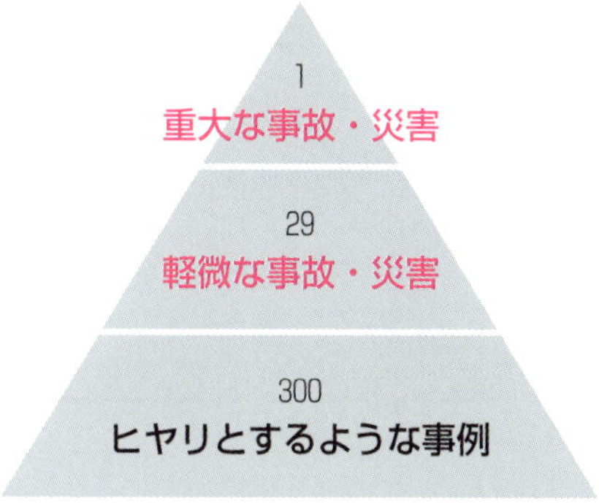

```
        1
   重大な事故・災害
       29
   軽微な事故・災害
      300
  ヒヤリとするような事例
```

2 インシデントとアクシデント

❶ インシデントとアクシデントの定義

　インシデントとは、不適切行為が利用者に及ばない場合、または及んだが症状や障害が発生しない場合をいいます。日常の介護の現場で、"ヒヤリ"とした出来事や"ハッ

ト"した出来事であり、ヒヤリハットともいいます。

アクシデントとは、不適切行為が患者および利用者に及び、重大な傷害が発生した場合の事故のことです。濃厚な処置や治療を一時的に行うだけの事例や重篤な傷害が残存した事例や死亡した場合があります。

❷ インシデント影響度分類

インシデント影響度分類（表 2-4-1）をもとにインシデントとアクシデントの判断をします。

インシデント影響度分類のレベル 0 ～ 2 に相当する事例は、インシデントになります。レベル 3 ～ 5 に相当する事例は、傷害の程度や有無にかかわらず、利用者の身体や生命の危機にかかわる可能性があり、アクシデントになります。

表 2-4-1　インシデント影響度分類

レベル	傷害の継続性	傷害の程度	具体的な内容
レベル 5	死亡		死亡（原疾患の自然経過によるものを除く）
レベル 4b	永続的	中等度～高度	永続的な障害や後遺症が残り、有意な機能障害や美容上の問題を伴う。
レベル 4a	永続的	軽度～中等度	永続的な障害や後遺症が残ったが、有意な機能障害や美容上の問題は伴わない。
レベル 3b	一過性	高度	濃厚な処置や治療を要した（バイタルサインの高度変化、人工呼吸器の装着、手術、入院日数の延長、外来患者の入院、骨折など）。
レベル 3a	一過性	中等度	簡単な処置や治療を要した（消毒、湿布、皮膚の縫合、鎮痛剤の投与など）
レベル 2	一過性	軽度	処置や治療は行わなかった（患者観察の強化、バイタルサインの軽度変化、安全確認のための検査などの必要性は生じた）。
レベル 1	なし		患者への実害はなかった（何らかの影響を与えた可能性は否定できない）。
レベル 0	―		エラーや医薬品・医療用具の不具合がみられたが、患者には実施されなかった。
その他			

出典：国立大学附属病院長会議常置委員会医療安全管理体制担当校「国立大学附属病院における医療上の事故等の公表に関する指針（改訂版）」5 頁、2012 年を一部改変

3 事故発生時の対応と、報告書の意義と書き方

❶ 事故発生時の対応

万が一事故が発生した場合には、すみやかに医師や看護師と連携を図り、施設長や管理者に報告・連絡・相談をすることが重要です（図2-4-3）。また、同時にバイタルサインをしっかりと確認し、応急手当や救命処置をするなどの対策を行います。そのうえで、事故発生時の報告書の作成を通して事故の原因を分析します。

❷ 報告書の構成と記入上の注意点

インシデントおよびアクシデントに共通してみられるのは、手技のミス、機器・備品の不備、体調の確認不足などがあります。事故の未然防止という目的を達成するた

図 2-4-3　インシデントおよびアクシデントの情報の流れ

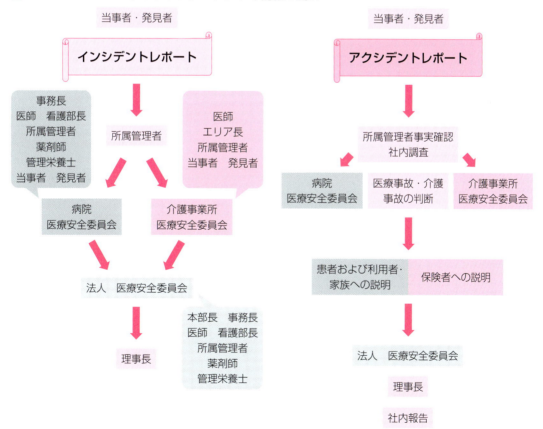

出典：功刀仁子作成

表 2-4-2　インシデントレポート（参考様式）

　　　　　　　　　　　　　　　　　　　　　報告年月日　　年　　月　　日

事業所名： 利用者氏名・住所： Tel：	
発生年月日： 西暦　　　年　　月　　日	報告者氏名： 　　　　　　　　　　　　　印
サービス対応時間： 　　時　分　～　　時　分	発見時間： 午前　　時　　分 午後　　時　　分
発生状況：	略図：
利用者、家族への説明・内容：	
事故原因と今後の対策：	
理事長	管理者	相談	看護	介護	

表 2-4-3　アクシデントレポート（参考様式）

報告年月日　　年　　月　　日

事業所名：	サービス種別：
利用者氏名： 住所： Tel：	管理者名：
発生年月日： 西暦　　　年　　月　　日	報告者氏名： 　　　　　　　　　　　　　　印
発見者：	発見時間： 午前　　時　　分 午後　　時　　分
発生場所：	略図：

職員体制：
発生状況：
受診した医療機関名：
診断・治療の概況：
利用者、家族への説明時刻・内容： 西暦　　　年　　月　　日　午前 ・ 午後　　時　　分頃 事業所側説明者： 家族側連絡受者： 説明内容：
事故原因：
今後の対策：
職員への周知：

理事長	管理者	相　談	看　護	介　護	

めに、報告書の内容には対応状況、原因分析、改善策を記入します。個々の事例について報告書を残すことは、次の対策を考えるうえで必要であり、有効です。報告書は、関係職員の責任を問うためのものではなく、リスクを分析して施設全体のマネジメントへとフィードバックすることが目的となります。インシデントとアクシデントの情報の流れは、図 2-4-3 のとおりです。

❸ インシデント事例

例：内服薬を投薬の対象でない患者および利用者のところまで持って行ったが、投薬前に気づいた場合
内服薬を投薬の対象でない患者および利用者に投薬したが、症状や障害が発生しない場合

❹ アクシデント事例

例：ベッドから転倒し、湿布をして検査をしたが大事に至らなかった場合
ベッドからトイレに移動しようとして転倒し、意識が戻らず生命が危険な場合

4 KYT（危険予知トレーニング）

　インシデント（ヒヤリ・ハット）やアクシデントの事例を分析する場合、他者に責任を求めたり、自己の責任を否定する傾向に陥りやすいので注意が必要です。そこで、現在注目されている KYT という手法を紹介します。KYT とは、危険（Kiken）、予知（Yochi）、トレーニング（Training）の頭文字をとったもので、危険予知訓練という意味です。危険に鋭く気づくための感受性を養う訓練です。

　起きた事故の反省とフィードバックも大切ですが、それ以上に「事故を起こさない、未然に防止する」ことが重要です。ミスや事故を未然に防止するためには、「異常に気がつく」「異常を発見する」「いつもと違って、何か変だと感じる」という感性が必要です。このような感性がなければ、目の前に重大な危険や危険の徴候が存在していたとしても気づかないで見過ごすことになります。そこで、危険に対する感受性を育て、刺激してみがき、危険が潜在している現場に「気づく」「感じる」ことができる職員を育成することが必要となります。

❶ KYT ミーティングの進め方

　KYT ミーティングでは、KYT 教材（シート）を使って、福祉や介護、医療の現場などの作業状況のなかにひそんでいる危険を察知する訓練をグループで行います。危険に対する感受性を高めるだけでなく、物事への集中力や問題解決能力および実践に対する意欲を高める手法でもあります。つまり、まだ起きていない事故の可能性を察知し、事前に防止する能力を身につけ、予防策を立て、実際に事故が発生したときに素早く対応できるようになるための訓練といえます。

　進め方としては、介護福祉現場の状況を示した表 2-4-4 をもとにしたシートを使って、①現状把握（介護者の要因、環境要因、利用者の要因）、②対策樹立、③目標設定の 3 段階をメンバー間で話し合います。メンバー間でシートのイラストにひそんでいるリスクを排除する方法を決定して発表します。

　グループでの進め方として、話し合いを実践しやすい人数は 5、6 人です。まず、役割として、リーダーと書記、タイムキーパーを決めます。

表 2-4-4　KYT ミーティングの進め方のポイント

＜第 1 段階＞「どんな危険がひそんでいますか？」　現状把握のポイント
・リーダーはできる限り危険要因を発見するように促す。 ・原則はブレーンストーミングとして、本音で話し合う雰囲気づくりに心がける。 ・メンバー各個人で考えたことを全員で話し合う。 ・KYT シートで示している場面にひそむ危険性を 3 側面（介護者の要因、環境要因、利用者要因）から想定し、思いつく限りたくさん出す。
＜第 2 段階＞「あなたなら、どうする？」　対策樹立のポイント
・判断と介護行為に対する具体的で実行可能な対策を出す。 ・「〜しない」ではなく、「〜する」という実践的な表現にする。
＜第 3 段階＞「私たちは、このようにする」　目標設定のポイント
・第 2 段階の対策のうち、優先度や重要度の高いものをメンバーでしぼり込む。 ・対策案をしぼり込み、「チームの行動目標」を設定する。 ・チーム行動目標は、状況を設定し、「〜する」という前向きな行動表現にする。 ・全員のコンセンサスを得る。

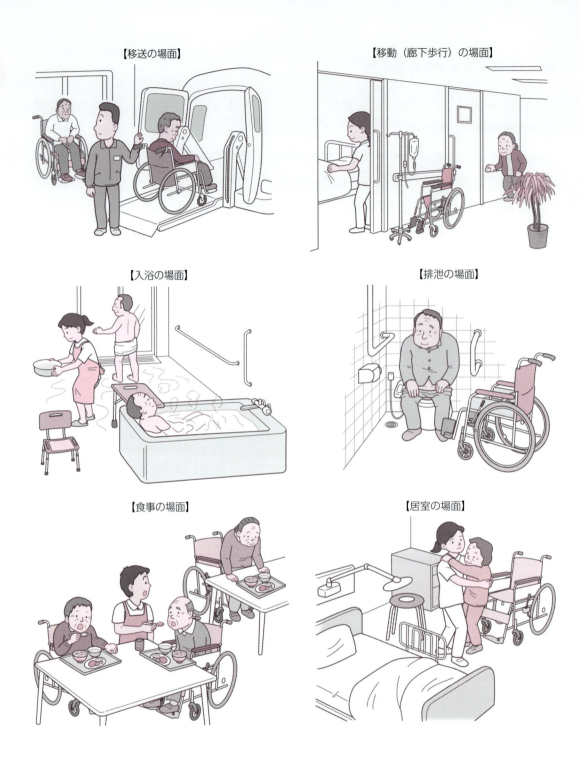

参考文献
- 古澤章良ほか『福祉施設における危険予知訓練（KYT）かんたんガイド』筒井書房、2003年
- 仁木一彦『【図解】ひとめでわかるリスクマネジメント 第2版』東洋経済新報社、2012年
- 川井太加子編『最新介護福祉全書⑬ 医療的ケア 第2版』メヂカルフレンド社、2016年

第5節 脳活性化リハビリテーション

脳活性化リハビリテーションは「高齢者の持つ能力を引き出し、加齢や障害などいろいろな困難を抱えながらも、楽しく前向きに暮らせるよう支援すること」です。生活場面で、できないことだけに注目するのではなく、できること（今もっている能力）にも目を向け、それを引き出す方策が脳活性化リハビリテーションです。通常のリハビリテーションや機能訓練を脳活性化リハビリテーションの原則にもとづいて実施することで、より効率的・効果的に実施でき、生活の質（QOL）の維持・向上に貢献できます。

1 脳活性化リハビリテーションの5原則

❶ 快刺激（原則1）

人は好きなこと、楽しいこと、得意なことには意欲的に継続して取り組むことができます。特に喪失・失敗体験の多い、障害高齢者や認知症高齢者では、自信や意欲が低下しており、「いまさら新しいこと、難しいこと、慣れないことに取り組みたいと思っていない」場合が多いです。利用者の意欲を引き出すには、本人が「やりたい・これならできるかも」と思うことをプログラムに取り入れることが有効です。また、「快」には「心地よさ」も含まれます。マッサージ、入浴などの身体的な快刺激や、居心地のよさなど快適な雰囲気づくりも重要です。

❷ ほめる（原則2）

誰しもほめられるとうれしいものです。ほめられてうれしいときには、脳の中にドーパミンというホルモンが放出されます。ドーパミンには依存性があるため、もっとほめられたいと意欲が高まり、学習能力が高まる良循環を生みます（図2-5-1）。また、「ほめる」には「ありがとう」などの感謝や、「他者に認められる」ことも含まれます。ふだん当たり前に行っていることを、「できていますね」と認めることでもよいのです。相手をほめるとほめた側もうれしくなり、ともに笑顔になるという相乗効果をもたらします。お互いにほめ合いましょう。

図 2-5-1 ほめることによる良循環

〈脳活性化による良循環〉
出典：山口晴保編『認知症の正しい理解と包括的医療・ケアのポイント 第3版』協同医書出版社、182頁、2016年を一部改変

❸ 双方向コミュニケーション（原則3）

障害高齢者や認知症高齢者では、言葉が出にくい、相手の言葉を理解するのに時間がかかる、耳が聞こえにくいなど、スムーズにコミュニケーションがとれず、孤独感を覚えていることが少なくありません。相手の気持ちや話したいことを聞いたり、相手の表情やペースに合わせて共感的に接することで、利用者は聞き手を自分の理解者だと感じ、信頼し安心します。また、利用者同士でも同年代や同じ障害があるからこそ共感でき、なじみの関係ができると、それが安心感を生みます。

❹ 役割（原則4）

仕事や役割が生きがいを生み、自分が周囲の役に立っていると感じることで自尊心が高まります。すべて世話をされると、利用者は「ありがたい」と感じる反面、「申し訳ない。私は何もできない価値のない人間だ」と感じます。つまり、介護職がすべて行うのがよいケアではなく、黒子となり、利用者が「自分でできた」「他者の役に立った」と感じ、自尊心を高めるような能力を引き出すケアがよいケアといえます。

❺ 失敗を防ぐ支援（原則5）

障害高齢者や認知症高齢者は喪失・失敗体験が積み重なることで、自信を失い、意欲低下をきたし、拒否（「どうせできないから、やりたくない」）します。そのため、失敗しないような「さりげない手助け」で成功体験を積み重ねることで、自信や意欲の回復につなげます。

2 高齢者の今もっている機能

脳活性化リハビリテーションでは利用者のできること（今もっている機能）を引き出します。

❶ 結晶性知能（経験値）

加齢に伴い種々の機能は低下します。その一方で、専門的・言語的な知識や料理などの日常の習慣、長年にわたる趣味の手順や方法などといった結晶性知能（経験値）は増加します。そのため、難しい判断などは年長者の意見が参考になります。

❷ 遠隔記憶（昔の記憶）

加齢によって記憶力は低下しますが、若い頃の思い出など、何度も繰り返し思い出してきた重要な記憶は思い出されやすいです。また、うれしい、悲しい、怖いなど、感情を伴う記憶は残りやすいとされています。認知症になると記憶をつかさどる海馬が障害され、新しいことが覚えられなくなります。一方、認知症になる前（海馬が障害される前）に覚えた昔の記憶は、認知症が進行しても障害されにくいものです。

❸ 手続き記憶（動作の記憶）

溺れた際に泳ぐ、危険な際に走って逃げる、車を安全に運転するなど、いざというときに命を守るために、身体で覚えたことは忘れにくいといわれています。このような動作の記憶は小脳に保存されており、小脳は認知症で障害されにくいので、認知症になっても動作の記憶は障害されにくいものです。

❹ 感情・情動

恐怖感などが薄れると、危険から身を守れなくなるため、感情は障害されにくいとされています。感情は脳の中心部（原始的な脳）が関係しており、認知症で障害されにくいので、認知症が進行しても、ほほえんだり、怒ったりできます。

❺ 身体機能

立つ、歩く、つかむなど単純な身体の動きは、認知症になっても障害されにくいものです。そのため徘徊ができるのです。脳からの指令で身体が動き、その動いた感覚を脳へ戻し、運動を調整しているので、身体を動かすことは脳の刺激になります。

❻ 社会性

「人は社会的な動物である」といわれるように、他者との相互関係のなかで生きています。そのため他者からどう見られているか、相手が自分の敵か味方かなどの判断は敏感(びんかん)です。認知症があっても、グループのなかであいさつや発言を促すと、シャキッとする人を多くみます。

3 脳活性化リハビリテーションの実践例

❶ 脳活性化リハビリテーションの5原則にもとづき、高齢者の今もっている機能を活用した実践例

　脳活性化リハビリテーションの代表的な手法の一つである作業回想法を例に、脳活性化リハビリテーションの5原則の実践例を紹介します。

　作業回想法は来島ら[1)]が提唱した手法で、昔の思い出をテーマにして語り合う回想法に、古い生活道具などを使う作業を組み合わせたものです。作業回想法では、①利用者が体験してきた家事、手仕事、遊びなどをテーマに、②なじみのある懐かしい道具を用い、③介護職に対して作業の仕方を指導してもらうように進めます。具体的な手順は、以下のとおりです（図 2-5-2）。

① 利用者が体験してきたなじみの作業をテーマとすることで、今もっている機能である昔の記憶を引き出します（図 2-5-2 の原則1）。

② 懐かしい道具を用いることで、道具を見たり、触れたり、生活場面の音や味や香りを再現することが五感を通じて、今もっている機能である感情を刺激し、回想しやすくなります。例えば、盥(たらい)や洗濯板(せんたくいた)を見たり、触ることで、当時を思い出し、「懐かしいねー。昔は洗濯機なんてなかったから、いつもこれで洗濯した」「井戸のそばで洗濯した」「手が冷たかった」など、懐かしそうに目を輝かせながら思い出を語ってくれます。このような懐かしいという感情や、「理解できる」「自分も発言できる」テーマであることが原則1の快刺激となります（図 2-5-2 の原則1）。

③ 介護職に対して作業の仕方を指導してもらうことは、今もっている機能である手続き記憶（動作の記憶）を引き出します（原則5の失敗を防ぐ支援）。ふだんはおとなしい利用者もいきいきと作業の仕方を実演してくれます。例えば、洗濯であれば、盥に張る水の量、洗濯板の向き、衣類への洗濯石けんのつけ方、洗濯物の洗い方など、身振り手振りを交えてリアルに再現してくれます（図 2-5-2 の原則5）。

図 2-5-2　作業回想法の流れ

①、②（原則1：快刺激）

あいさつ、会の趣旨を伝える。
用意しておいた古い道具や材料の名前と、その使い方をたずねる。利用者に道具を回し、見たり、触ったりしてもらう。

〈視覚・触覚刺激〉

③（原則5：失敗を防ぐ支援）

今日のテーマを伝え、「やり方を教えて下さい」と一人ひとりに実演（お手本）を促す。

〈手続き記憶〉

④（原則4：役割）

介護職自らもやってみせ、アドバイスを受ける。作業や道具にまつわる個人の回想を促す。

〈自発性・意欲・満足・自尊心〉

⑤（原則3：双方向コミュニケーション、原則2：ほめる）

利用者一人ひとりに感想をたずね、介護職も感想と感謝の気持ちを伝える。
次会の確認を行い終了する。

〈共感・感謝〉

出典：図 2-5-1 に同じ、208 頁を一部改変

④　利用者に教えてもらった後に介護職が実演してみます。しかし、やったことがないので、利用者のようにスムーズに行えません。すると利用者が「こうするんだよ」「そんなこともできないのか」など自信満々で作業の仕方を教えてくれるのです。これが若い人に教え伝えるという原則4の役割の発揮となります（図2-5-2の原則4）。

⑤　最後に利用者・介護職全員で感想を述べると、利用者の「楽しかった」「昔は大変だったけど、よくやった」などの発言に、他の利用者は同じ作業や生活を体験してきた仲間として共感しうなずき、原則3の双方向コミュニケーションが生まれます。また、若い介護職は昔の作業を体験することで、高齢者の知恵や技術を自然に認め、「教えていただきありがとうございました」という感謝の言葉が出て、原則2のほめることができるのです（図2-5-2の原則2、3）。

　作業回想法の場面では利用者が先生となり、ふだんはケアする側の介護職が教えてもらう側になるという立場の逆転が起こります。それが、利用者と介護職の対等な関係を構築します。また、若い介護職は昔の生活道具を知らず、うまく使えない一方、高齢者のほうが上手に道具を使用できるため、加齢の影響や障害の有無が目立たなくなります。作業回想法のような適切な環境（仕かけ）があれば、高齢者のさまざまな知識や経験（今もっている能力）が発揮されるのです。そして、作業回想法の実施中にみつけた利用者の能力を、生活のなかの役割として取り入れる（例えば、針仕事が得意なことがわかれば、雑巾を縫う仕事を依頼し、ふだんからその人の縫った雑巾を使う、その人が縫った雑巾で机を拭いてもらう等）ことで、心身機能や自尊心の維持・向上につながります。

　作業回想法に参加した介護職の感想を、表2-5-1に示します。ふだん見ない利用者の表情や発言、今もっている機能に気づき、尊敬の念が増すことで、介護職の利用者への接し方が変わります。介護職の接し方が変われば、利用者の反応も変わり、やる気や自信を回復させ、さらに利用者の心身機能を改善させるという良循環を生みます。

　ここで伝えたいことは、作業回想法を行えばよいということではありません。作業療法、運動療法、レクリエーション療法、回想法、リアリティ・オリエンテーション、バリデーション、アートセラピー、園芸療法などさまざまなリハビリテーション・機能訓練の手法が提唱されています。どの手法を用いるかが重要なのではなく、どの手法を用いるにしても利用者に合わせ、脳活性化リハビリテーションの5原則にもとづいて、どのように行うかが大切なのです。

表 2-5-1　脳活性化リハビリテーションに参加した介護職の感想

- 懐かしい作業に出会えてうれしそうだった。明るくなられた。
- 毎日顔を合わされていても話をされなかったが、ご自分たちの体験に共感を覚え、仲よくお話される機会が増えた。
- 「できないだろう」と決めつけていたが、さまざまな今もっている機能があることに気づいた。
- 利用者様の昔の話を聞かせていただくことで、親近感、尊敬の念が増した。
- 利用者様の若い頃の話をすることが増え、ケアに対する拒否の強い方に対処可能になった。

出典：Yamagami, T., et al., 'Effect of activity reminiscence therapy as brain-activating rehabilitation for elderly people with and without dementia', *Psychogeriatrics*, 7(2), pp.69-75, 2007. を一部改変

❷ 生活のなかでの脳活性化リハビリテーションの実践

　脳活性化リハビリテーションはふだんの会話やケアのなかでも実施できます。

　例えば、夕食のメニューに大根の煮物があった場合、「大根のおいしい季節ですね」と声をかければ、それは冬という季節感を感じてもらう認知リハビリテーション（現実見当識訓練）となります。

　また、「大根に味はしみていますか？」、入浴介助の際に「湯加減はいかがですか？」など、何気なく行っている生活行為を「意識して感じてもらう」声かけは、感覚を刺激し脳の活性化になります。季節の行事食や菖蒲湯など、見た目や香りなど五感を刺激すればより効果的です。

　さらに、「大根をおいしく煮るにはどうしたらいいのですか？　教えてもらえますか？」など、利用者に教えてもらうような声かけが利用者の役割を生むことにつながります。また実際に、利用者と介護職が協力して「おいしい大根の煮物をつくる料理教室」などの活動につなげ、利用者に講師の役割を担ってもらうとよいでしょう。

　つまり、決まったリハビリテーションや機能訓練に利用者をあてはめるのではなく、利用者の生活歴やコミュニケーションのなかからプログラムを決めます。また、表2-5-2に示すような生活のなかの役割の一覧表を用い、利用者の役割を検討することも有用です。ふだんの食事場面で誰かにあいさつしてもらう、日めくりカレンダーを毎日めくってもらう、洗濯物の整理を手伝ってもらう、壊れた道具を直してもらう、動作ができない障害の重い利用者でも、味見してもらったり、意見やアドバイスをもらうなど生活のなかの役割を活用して脳活性化リハビリテーションは実践できるのです（図2-5-3）。

表 2-5-2 生活のなかの役割の例

	項目	具体的項目
生きる	食べる	好きな食べ物、行事食、外食、会食
	寝る	布団、枕
	休む	ソファー、飲み物
	お風呂に入る	入浴剤、温泉、檜の浴槽
	服を着る	気に入った服、着心地、おしゃれ
	身だしなみ	洗顔、歯みがき、整髪、ひげ剃り、化粧
働く	季節の行事	門松・しめ縄づくり、餅つき、節分、節句、七夕、終戦記念、花火大会、祭り、十五夜
	炊事	洗う、切る、下ごしらえ、食器準備・拭き・片づけ、調理・味つけ・盛りつけ、配膳・下膳、テーブル拭き
	掃除	掃除機・モップ・箒・雑巾・はたき、片づけ・ゴミ捨て、庭掃除
	洗濯	洗濯干し・たたみ、整理
	買い物	食料品・衣料品・生活用品
	裁縫	雑巾縫い、ボタンつけ、つくろい、編み物
	日常大工	木を切る、釘をうつ、ヤスリで削る、ペンキ・ニス塗り
	庭の手入れ	草むしり、剪定、水やり、花の世話
	畑仕事	草むしり、種・苗植え、水やり、収穫、耕す
	子どもの世話	見守り、しつけ、話し相手、宿題指導
	動物の世話	餌やり、水替え、散歩、小屋掃除
	社会参加	町内会、老人クラブ、回覧板の受け渡し、地域清掃、ゴミ出し、廃品回収、防災訓練
楽しむ	会話・交際	家族・親戚・友人等との交流、電話、手紙、会食、冠婚葬祭
	行楽・散策	旅行、花見、紅葉狩り、初詣、墓参り、散歩、ハイキング
	趣味・娯楽	読書、手芸、陶芸、スポーツ観戦、観劇、音楽会、歌、俳句、踊り、カラオケ、楽器演奏、スポーツ、運動、将棋、囲碁、ゲーム、パソコン、インターネット、携帯
	学習	教養、知識、歴史
	マスメディア接触	新聞・雑誌、テレビ、音楽、映画、ラジオ
	社会参加	祭り、運動会、敬老会、文化祭など

出典：山上徹也「脳活性化リハビリテーションの実践」『認知症ケア最前線』54号、18～24頁、2015年をもとに作成

図 2-5-3　生活のなかでの脳活性化リハビリテーションの実践例
①季節を感じられる声かけ　②生活行為を意識してもらう声かけ　③利用者に教えを請う声かけ　④先生役をしてもらう！

出典：表 2-5-2 に同じ、22 頁を一部改変

4 脳活性化リハビリテーション実践のポイントと流れ

❶ 情報収集

　脳活性化リハビリテーションの実践に際しては、利用者を知る必要があります。例えば、脳活性化リハビリテーションの原則の「快」について、何を快（楽しい・うれしい）と感じるかはその人次第です。また、果たす「役割」も心身機能や性格（世話好き、控えめなど）、生活歴等によって異なるでしょう。つまり、脳活性化リハビリテーションでは利用者の現在（①医学情報、②生活状況）と過去（③生活歴）を知り、将来の生活（ケアの方針）を考えます。

1 医学情報（疾患、認知・身体機能等）

　疾患や障害の有無を確認します。認知機能、失語などにかかわる高次脳機能、うつ状態などの心理状況、視力・聴力、麻痺の有無や筋力・握力・手指の巧緻性、全身体力等の身体機能を把握し、どのようなプログラムなら理解でき行えるのか、また失敗を防ぐためにはどのような支援や環境設定が必要なのかを検討します。さらに、安全に行えるよう、リスク管理も検討します。

2 生活状況

　心身機能と実際の生活上で発揮される能力は、必ずしも一致しません。現在行えて

いること、行えていないこと、現在の生活課題を把握し、プログラムを検討します。
　例えば、立位の耐久性が低下し、トイレで下衣の上げ下げの際に立っていられなくなっていることが問題点であれば、①廊下で手すりにつかまって立位保持の練習を行う、②トイレで下衣の上げ下げ動作を繰り返し練習する、③利用者の日課である机拭きを活用して、立位の耐久性を高めるなどのやり方があります。
　①は、認知機能がしっかりし、練習の目的が理解できる人なら可能でしょうが、認知症などで目的が理解できない人には「なぜ立っていないといけないのか」がわからず、拒否等につながるかもしれません。②は、課題となっている動作の改善を目指すなら、課題と同じ環境で繰り返すことが学習効果を高めるので適しています。③は、トイレ以外の生活場面でも立位の耐久性低下が問題になっている場合、本人の日課のなかで自然と練習が行えるため、拒否等が少なく長時間行え、役割を果たすことによる自尊心の向上など身体機能以外にも波及効果が期待でき、効果的・効率的かもしれません。

③ 生活歴

　利用者がどんな人生を歩んできたか、ライフステージに沿って情報収集します。特に趣味、特技、仕事などの「昔取った杵柄」は障害高齢者や認知症高齢者でも発揮できたり、生活の役割や日課となる可能性があるので重要です。自分の好きなことや得意なことを聞かれて、嫌な気持ちになる人はいないでしょう。例えば、機能訓練や

元教師

排泄・入浴など利用者が嫌がるケアを行う前には、相手の「昔取った杵柄」の話をするだけで、拒否なく行えることもあります。
　生活歴の把握にあたっては、自ら語れない場合も多いです。そのため、家族から情報収集したり、介護職が利用者の生きてきた時代背景や生活様式（炊飯器はなく釜で米を炊くといった家事の方法など）、文化（流行歌、俳優、映画）、出来事などを把握しておきます。それを踏まえて、「○○さんの若い頃にはこんな歌が流行ったの？」というように利用者に確認することで、利用者の意外な過去を知ることができます。「世話が必要な人」と思って接するのと、「元学校の先生」「元米づくりの名人」と思って接するのとでは、介護職の接し方が変わります。利用者も介護職が自分をどのようにみているのかは敏感に感じていますので、双方の関係性がよくなります。

❷ 準備

利用者の好きなこと、やりたいこと、「昔取った杵柄」を発揮してもらう場合にも、①テーマ、②グループメンバー、③実施場所や使用道具などの環境設定、④役割分担など、入念な準備が欠かせません。特に、利用者が得意と思っていたことが思うようにできなかった場合は、ショックで意欲が低下し、かえって活動性が低下するおそれがあります。

1 テーマ設定

事前の情報収集を参考に、利用者が慣れ親しんだ趣味や特技をテーマとすることで、「わかる」「できる」「懐かしい、昔よくやった」など、利用者の意欲を引き出すことができます。

2 グループメンバー

個別か集団で実施するのか、集団の場合は何名ぐらいが適切なのか検討します。特殊なテーマや高度なレベルが求められる、介助量が多い場合等は個別対応がよいでしょう。集団で行う場合も、少人数のほうが集団の凝集性が高まりやすいです。

年齢（世代）、性別、生活歴（田舎育ち・都会育ち、経済状況など）、心身機能など共通点が多いほうが盛り上がります。ゲームなどでは男女の対戦や交流を含むものが盛り上がります。少人数の同一メンバーで継続して実施することでなじみの関係ができます。

また、利用者の状態に合わせて職員の配置も検討します。一般的に利用者3～5名に職員1名の割合で配置します。特に、障害の重い者、視力・聴力が低下して活動に参加しにくい者のそばには、職員を配置し支援します。

3 実施場所や使用道具などの環境設定

できる限り静かな場所で、適度な広さや明るさの環境で実施します。席の配置も参加者同士の相互交流が生まれるよう考慮します（仲よし同士、半円形、円形など）。活動自体を立って行うのか、座って行うのかで、作業台の高さや必要な心身機能、活動量等も変わってきます。

また、失敗しても大丈夫という雰囲気づくりや、（茶道であれば茶室のしつらえを用意するなど）周囲の演出も大切です。ユニホームや使用する道具を提示することで、利用者は何をするのか理解しやすくなり、意欲や場の雰囲気が変わります。

④ 役割分担

　利用者がすべての行程をこなせるとは限らないため、作業工程を分け、役割分担を検討します。例えば料理の場合、食材の買い出しは男性の利用者が担当し、食材の下ごしらえは職員が行い、実際の調理において包丁で切るのは心身機能が維持されているAさん、煮るのはBさん、味見は身体機能は低下しているが話すことができるCさんなど、利用者の今もっている能力に合わせて役割分担します。職員はテーマを決めたら、自分でやってみるとよいでしょう。

❸ 実践

　実践中は安全に行えているか、うまくできているかなどの視点で見守り、できない場合はさりげなく支援し、成功に導きます。決して、利用者の発言や行為を否定しないようにします。そして、積極的にほめます。ほめる際は「すごいですね、上手ですね」ではなく、「手つきがなめらかですね」などと具体的に言葉にします。また、グループ全体に対して相互交流が生まれるよう、利用者の思いを他の利用者に伝えます。最後は、「ありがとうございます」と感謝を示して終わります。

❹ 振り返り

　実践後は、実践中の様子を振り返り、各利用者が笑顔で能力を発揮できたかどうか、スタッフのかかわり方などを検証します。また、実践中の利用者の発言等を参考に、次回に向けた準備を行います。また、脳活性化リハビリテーション場面で発揮された利用者の能力をふだんの話題にしたり、生活の役割等に結びつけます。

❺ 社会資源の活用

　利用者のやりたいことを行おう、個別対応しようと思っても、介護職の人員や施設の環境の問題でできないことも多々あります。その場合は社会資源の活用を検討します。例えば、料理を行う際は、施設内の調理師や栄養士に協力を依頼したり、地域の食生活改善委員にボランティアをお願いしたり、料理教室の先生に来てもらったり、公民館やカルチャースクールに出向くのもよいでしょう。

❻ **ケアスタッフが楽しむ**

　脳活性化リハビリテーションを実践するうえで、一番重要なことは介護職が利用者と一緒に楽しむことです。利用者同士や介護職との双方向コミュニケーションや、利用者の趣味や特技を一緒に実践することで、利用者は笑顔になり、自信や意欲を取り戻し、元気になります。介護職も利用者の意外な一面や今もっている能力がみられ、楽しくなります。そうするとよい関係が構築（こうちく）され、もっといろいろなプログラムをやってみよう、こうすると利用者に能力を発揮してもらえるのではないかと考えるよい循環が生まれます。

　どんなに準備してもうまくいかないことがありますが、それも含めて楽しみましょう。利用者とのコミュニケーションや利用者と一緒に楽しむことで、実は介護職自身の人生経験が豊かになり、利用者をケアするだけでなく、利用者からも教えられていることに気づきます。

引用文献
1）来島修志「回想法の効果的な進め方―第4回作業回想法の実際と意義」『高齢者けあ』7巻4号、108〜115頁、2003年

第6節 レクリエーション支援

1 レクリエーション参加の意義

❶ レクリエーションの意味と意義

1 レクリエーションとは

　レクリエーションは英語で表すと"recreation"となり、「再生」「再創造」「リフレッシュ」などの意味が含まれています。仕事や勉強などの疲れをほぐし、新たな活力をつくるための休養や娯楽時の活動と考えることができます。このような意味からレクリエーションは、一般的に考える「大勢で楽しく行う活動」だけでなく、「個人にとって楽しい・心地よいと感じる活動」を含んでいることがわかります。日本語の意味としては、余暇活動、アクティビティ、生きがい活動、楽しみの活動に近いと考えられます。介護にたずさわる職員も、業務後や休日といった余暇時間に楽しみの活動等を行うことによって心身がリフレッシュし、明日の仕事のエネルギーを再生することができます。

2 レクリエーションの意義

　マズローは「人間は自己実現に向かって絶えず成長する生きものである」として、自己実現理論を提唱しました。図2-6-1のように人間の基本的欲求は5段階のピラミッドのようになっていて、底辺の生理的欲求が満たされると、1段階上の安全欲求が出て、次に所属・愛情の欲求（社会的欲求）、承認欲求、最終的に自己実現の欲求が出現するとしています。

　実際の生活ではそれぞれの欲求は段階どおりではない場合がありますが、人間の欲求やニーズを理解するうえで意義があります。レクリエーション活動に参加して仲間と共通の時間を楽しむことで、承認や所属の欲求を満たすことができ、レクリエーション活動の目標の実現に向けて努力する過程が、生きがいとなります。さらに、目標を達成できたときに自己実現を実感することができます。

　また、人は何かを追求するときや何かをしているときは、楽しい、わくわくする、という感情がはたらきますが、このような時間を過ごすことがストレスや不安の軽減につながり、さらに免疫力の改善、生活習慣病の予防、循環器系の改善、生活の質

図 2-6-1 マズローの欲求階層説

(QOL) の向上、well-being などをもたらします。このような個人のメリットは、医療費や介護保険経費の削減等に反映して、社会的にも利益を与えます。

❷ 高齢者サービスにおけるレクリエーション支援の領域

心身の機能が低下し、生活習慣病をはじめとするさまざまな疾病に罹患しやすくなる高齢者にとって、レクリエーション活動は病気や転倒の予防とともに、病気の回復や精神的な安定をもたらします。以下に、レクリエーション活動を生活に取り入れるにあたり、実践する領域について述べます。

① 生活の領域とレクリエーション

私たちの生活は、日常生活動作（ADL）や睡眠といった基礎生活、仕事や学業といった社会生活、生きがいや楽しみの活動といった余暇生活から構成されています。それぞれが占める時間の割合は個人により異なりますが、要支援・要介護の高齢者は基礎生活の占める割合が大きくなりがちです。そのため、基礎生活を心地よく過ごせるように工夫したり、日常生活にレクリエーション活動を意図的に取り入れて、余暇生活や社会生活の時間を少しでも多く取れるように支援することが求められます。

② レクリエーションの生活化と生活のレクリエーション化

レクリエーション活動が生活の一部として意識され、余暇生活として組み込まれる

図 2-6-2 生活の領域

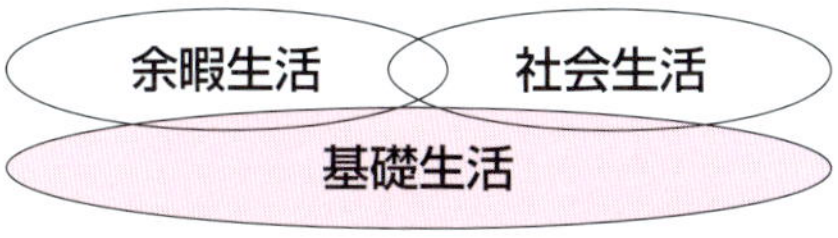

余暇生活　社会生活
基礎生活

ことをレクリエーションの生活化といいます。趣味活動を毎日の生活に取り入れたり、定期的に週に1、2回参加できる活動を日常生活に組み込みます。共通の趣味に参加する仲間と余暇時間を過ごし、外出する機会をつくるなどして、社会生活を楽しむ機会をつくります。

　また、衣食住や入浴、排泄（はいせつ）などのADLに関する基礎生活に、遊び心を加えて楽しく暮らすことを生活のレクリエーション化といいます。朝起きたときに、洋服を選んでおしゃれを楽しむことや、食事やおやつを選択（せんたく）できるようにする、部屋のインテリアを楽しむなどして、毎日の生活を心地よいものにします。

　表2-6-1に現在介護現場で行っている活動を記入してから、今後取り入れることができる活動について考えてみましょう。

表2-6-1　レクリエーションの生活化と生活のレクリエーション化

	現在実施している活動	今後実施したい活動
レクリエーションの生活化	例：ゲーム（月・木曜）	
生活のレクリエーション化	例：食事の選択（毎回の夕食）	

2　レクリエーション支援のあり方

　レクリエーションを支援する方法として、北米ではセラピューティック・レクリエーション（TR）が、福祉施設のほかに病院や地域の公民館・レクリエーション施設の3分野において、専門職であるセラピューティック・レクリエーション・スペシャリスト（TRS）により、日常的に提供されています。わが国では、団体による認定資格はあるものの、専門職として一般的にはなっていません。ここでは、TRの支援方法を中心にして、チームで取り組む支援のあり方を説明します。

❶ TRとは

　TRは、直訳すると治療的レクリエーションという意味になり、適切なレジャー・ライフスタイルの計画や維持（いじ）、表現を援助することを目的としています。TRは全米医師会が1961年に報告した「レクリエーションの効果」から端を発し、専門分野として確立されました。報告内容は、レクリエーションが「より積極的な健康」「疾

病の予防」「疾病の治療」「身体的・感情面・知的面・社会面」に貢献するというものです。TRの対象者は、身体的、精神的、知的、または社会的に制約のある人から、健康増進および介護予防を望む健康な高齢者までとしています。

❷ TRの過程と支援のあり方

TRでは、「治療（機能向上）」「余暇教育（学習）」「参加（自立）」の3段階に応じて支援を行います（図2-6-3）。治療の段階では、機能訓練室等で医療職員と協働で、利用者の将来的なレクリエーションの自立に向けて、身体面・精神面・知的側面・社会的側面の基本能力の獲得を目標に治療的な援助を行います。余暇教育の段階では、利用者がレクリエーション活動を実際に体験して、レクリエーションに関する知識や技術を習得できるように支援します。この段階では、初期は個別に対応し、徐々に集団のレクリエーション活動に参加できるように側面から支援します。

レクリエーションの参加・自立の段階では、利用者が自分自身のレクリエーション観にもとづいて、主体的にレクリエーション活動に参加できるようになるまで支援します。レクリエーション活動への参加制約がある場合には、一緒に問題を取り除き改善していきます。以上の3段階の過程と援助者のコントロール度（関与度）の関係も、図2-6-3に示しました。

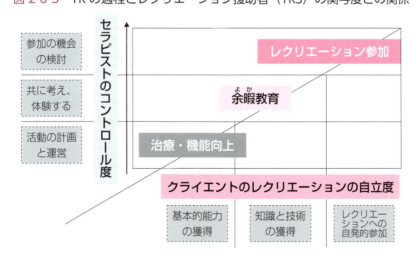

図2-6-3 TRの過程とレクリエーション援助者（TRS）の関与度との関係

❸ 過程ごとの目標とレクリエーション活動の指標

TRの過程ごとの目標と、目標ごとのレクリエーション活動の指標を表2-6-2にまとめました。

表 2-6-2　TR の過程とレクリエーション活動の指標

	目標	レクリエーション活動の指標
治療・機能向上	身体的（生理的）機能の改善	ADL の向上、身体を動かすことにより身体機能を活発化、今もっている能力を活性化
	知的刺激の活用	創作活動、活性化リアリティ・オリエンテーション（RO）などによる脳活性化リハビリテーション
	情緒的（心理的）な安定	適度な弛緩と緊張、達成感、笑い、リフレッシュ、心の平安
	社会的（人間関係）能力の向上	孤独からの解放、人とのふれ合い、参加社会性の開発、世代間交流など
余暇教育	余暇認識、余暇活動技能の向上	余暇活動の価値の理解、自分自身の可能性への気づき・新たな好奇心、生きがい、達成感
	人間交流能力の向上	人とのふれ合い、接し方の向上
	余暇関連資源の活用	自己や地域社会での余暇資源の広がり
レクリエーション参加	社会資源の活用	社会参加の促進、外出
	文化芸術活動の展開	生活の彩り、自己表現、いやし
	ネットワーキングの広がり	パソコン通信、NPO、地域住民組織、当事者や家族の会等
	ボランティア活動への参画	市民参加型社会の実現

3 レクリエーション支援の方法

　TR ではレクリエーション参加と自立に向けて、最初は個別のレクリエーション支援から始め、主体的に集団のレクリエーション活動に参加できるように支援します。ここでは、個別と集団のレクリエーション活動の支援方法について説明します。

❶ 個別レクリエーションの支援方法

1 APIE プロセス

　TR における個別レクリエーション支援の方法と過程として、オモロウは APIE（エイパイ）プロセスを提唱しました（図 2-6-4）。以下にそれぞれの特徴について説明します。

図 2-6-4　APIE プロセス

目標：レクリエーションの自立 → アセスメント Assessment → 計画 Planning → 実施 Implementation → 評価 Evaluation

2 アセスメント

　TR のアセスメントは、余暇生活を中心にして病気と ADL が加えられた様式になっています。しかし、北米のようにレクリエーションの専門職が配置されていないわが国では、通常のアセスメント項目に余暇活動を加えられた様式にして、生活全般を見すえて支援するほうが現実に即しているでしょう。余暇活動の項目には、子ども時代から要介護になる前の趣味や参加していた活動等を入れます。

3 計画

　個別レクリエーションの計画を作成する際のポイントを、表 2-6-3 にまとめました。活動を選定する際は、本人の心身の状況をみながら、個別またはクラブ活動への参加等を考慮します。到達目標と活動の選定をするときには、フロー（flow、流れ）の原則にもとづいて立案します。フローとは、活動の達成レベルと自身の技能レベルとが合致している状態で、流れに乗って気持ちのよい状態をいいます。利用者の能力に対して活動のレベルが高すぎたり低すぎたりしないように配慮して、達成感や成功体験が得られるような活動内容を考えます。また、活動後の評価基準を計画時に設定しておきます。

表 2-6-3　個別レクリエーションの計画時の内容とポイント

項目	内容とポイント
方針	所属機関の運営方針に沿ったレクリエーション支援の方針にする。
到達目標	達成が可能な目標を立てる（達成感・成功体験を得て自己効力感をもつ）。
活動の選定	実施が可能で、到達目標に沿ったレクリエーション活動を選定する。 ・空間、設備・用具、人材、予算の設定。 ・活動の頻度は活動の特性と到達目標との合致度を考慮する。
評価基準	到達目標を計画書に明確に示しておき、終了後達成度を評価する。

4 実施

　計画に沿って利用者がレクリエーション活動に主体的に取り組むことができるように、直接的または間接的に援助します。計画段階で設定された目標や評価内容を視野に入れて、経過観察を行い実施記録を作成します。

5 評価

目標の達成度や活動内容の妥当性、生活化、意欲度の程度を評価します。うまく進んでいない場合は再アセスメントして新たな目標につなげます。

❷ 集団レクリエーションの支援方法

1 集団レクリエーションプログラムの分類と主な活動内容

集団レクリエーションプログラムには表 2-6-4 のとおり、頻度に応じて季節プログラムや月間、週間、日間プログラムがあります。レクリエーション担当者はこれらを複合的に選定して、目標や予算、ボランティアの受け入れ等について立案し、表などをつくって周知します。

表 2-6-4　集団レクリエーションプログラムの分類

分類	主なレクリエーション活動
季節プログラム	季節行事（花見、納涼祭、敬老会等）
月間プログラム	月一度実施する活動（誕生日会、買物等）
週間プログラム	クラブ活動（俳句、園芸、軽スポーツ等）
日間プログラム	毎日反復して実施（体操、ドリル等）

2 集団レクリエーション活動の形態

集団レクリエーション活動を展開する際に、プログラムの内容に合わせて、オープングループ、クローズドプログラム、ラウンジプログラムなどの形態を選定します。表 2-6-5 に形態ごとの意味と活動内容をまとめました。

表 2-6-5　集団レクリエーション活動の形態と内容

形態	内容
オープングループ	グループへの入退会や参加が自由なグループ。クラブ活動、週間プログラム（俳句、歌、絵画、ゲーム等）、季節・月間プログラム（花見、納涼祭、誕生日会等）。
クローズドグループ	利用者の能力や特性に応じて、メンバーを限定したグループ。 例：回想法、手芸、野菜づくり、グランドゴルフなど。
ラウンジプログラム	開放的な空間でいくつかのプログラムが平行して行われ、利用者は自分の好みや能力に応じて参加する。能力に応じてオープンかクローズドを選択する。

❸ 集団レクリエーション活動の支援過程とそれぞれの支援内容

集団レクリエーション活動の支援過程には、準備期（企画段階）、実施期（導入期・展開期）、評価期があります。活動内容によって実施期間（回数）が1回のものや、週に数回のクラブ活動、毎日の体操などがあり、準備や評価にかかる時間が異なりますが、検討課題の内容や留意点はほぼ共通しています。それぞれの段階での課題と留意点を表2-6-6〜2-6-9にまとめました。

表2-6-6　準備期（企画段階）における検討課題と留意点

検討課題	留意点
①ニーズの把握、対象者の選定	個別ニーズへの配慮、ニーズにもとづくグループづくり
②レクリエーション活動の選択、計画書の作成	計画的・意識的な内容とグループ配属の配慮
③活動の目的と内容の伝達（支援者）	上司や全職員に向けた活動の目的・内容の説明
④活動の目的と概要の伝達（参加者）	全参加者に向けた目的と概要の説明、参加の承認
⑤スタッフの役割分担に関する説明	スタッフの役割に関する理解と自覚の促し
⑥快適な環境づくり	BGM、照明、室温、スペース等の配慮
⑦環境上のリスクの排除	テーブルの角、いすの間隔、段差等の排除
⑧地域の社会資源の把握と活用	内容に応じてボランティアや地域の活動等を活用
⑨配布資料・活動の備品の作成	計画内容に沿って配布資料や備品を作成
⑩生活の場との連動	活動が日常生活に結びつくような内容を企画する
⑪活動の記録と評価の選定	振り返り・評価のための準備

表2-6-7　実施導入期（開始期）における検討課題と留意点

検討課題	留意点
①参加メンバー歓迎、声かけ	開始時の歓迎のあいさつ、スタッフの紹介、緊張の緩和
②お互いを知るための企画運営	メンバーの紹介、お互いを知るための交流企画
③参加者の特徴の把握	参加者の正確な理解、能力や問題点の把握
④集団への援助	凝集性や集団内のコミュニケーションへの支援

表 2-6-8　実施展開期における検討課題と留意点

検討課題	留意点
①参加者の状況確認	身体状況、精神的状況、性格、能力等の理解 人間関係、表情、集中力等の把握
②適切な時間の管理	参加状況により、計画した時間を変更する 融通性のある運営
③状況に応じた職員の立ち位置	状況に応じて、職員は立ち位置を変える 相互交流が促進できるように支援する
④参加者間の相互作用の促進	参加者同士の受容・助け合い、参加者総意による決定と運営、活動への積極的参加
⑤参加者に対する公平な態度	段階に応じた参加者との距離のとり方に配慮する 参加者全員が共有できるように配慮する
⑥個々の参加者の受容と共感	参加者に個別に接する ともに楽しむ姿勢
⑦能力に応じた参加者の役割の設定	発表の場やリーダー等の役割を設定
⑧個人目標達成への意識づけ	成就の経験とその喜びの体験

表 2-6-9　評価期における課題と留意点

課題	留意点
①実施記録の作成	表情の変化、新たにみられた言動、計画どおりに進行できたか
②評価	・到達目標の達成基準をどの程度満たしたか ・レクリエーション活動の適正さ、効用性 ・スタッフの実施能力 ・空間や環境の適正さ
③評価の考察	判定基準の適性さ、評価内容の考察から次回の目標へ

4 レクリエーション支援の実践例

❶ 個別レクリエーションの実践例

事例：頸椎損傷Aさんの個別レクリエーション支援の過程（デイサービス）

　Aさんは60代前半で交通事故に遭い、頸椎損傷による四肢麻痺で全介助になってしまいました。住宅を改修して訪問介護サービスを利用しながら、妻の介助のもとで在宅生活を2年間続けていましたが、他の人と交流し、妻が休養できる日をつくりたいという理由で、デイサービスに週2回通うことになりました。個別レクリエーショ

ンに力を入れていたBデイサービスでは、当初はAさんが自宅で唯一楽しんでいるカラオケを一人の職員が付き添って行うことを、通所介護計画に入れました。

　数か月経過したある日、ホームヘルパーから、Aさんがデイサービスのレクリエーションについて不満を言っているという連絡がありました。そこで、不満の原因とAさんの身体状況について再アセスメントをした結果、Aさんの当初の要望であった他の利用者との交流ができていないことと、利用当初は全く動かなかった頸部が、デイサービスでのリハビリテーションでほんのわずか動くようになっていることがわかりました。

　そこで、ラウンジプログラムの絵画グループに参加することを目標にすることをAさんに伝えたところ、本人もがんばってみたいということになりました。口に絵筆をくわえて絵を描くことに慣れるまでの1か月間は、レクリエーションの時間や休憩時間に個別に対応して問題点を改善していきました。予定どおり1か月後には絵画グループに参加し、その後は自宅でも妻の協力を得て練習をしたこともあって上達しました。半年が経過した頃には、週の1回は絵画グループ、もう1回は習字グループに参加するようになり、他の利用者との交流も楽しめるようになりました。1年後に壁に掲示されたAさんの2つの作品は、誰よりも上手なものになりました。

❷ 集団レクリエーションの実践例

事例：クラブ活動の立ち上げと参加の支援（養護老人ホーム）

　C養護老人ホームでは、体操や散歩の時間を日課に入れているため、車いすを使用する利用者が数人しかいません。しかし、利用者のなかに精神や認知に障害が出始めた人が増えてきたため、レクリエーション活動を日課に取り入れることにしました。

　全利用者の余暇活動や精神・認知面のアセスメントを実施して分析した結果、料理クラブと手芸クラブ、将棋・囲碁を中心とした卓上ゲームクラブを立ち上げることにしました。レクリエーション担当者は立ち上げの段階から参加者と相談しながら企画し、当初の2回に介入した後は、それぞれのクラブの参加者からリーダーを立てることにしました。料理は月2回、手芸クラブと卓上ゲームクラブは平行して行えるように、同じ曜日に週に1回としました。

　現在では、レクリエーション担当者とリーダーは相談して計画を立て、利用者に予定がわかるように計画表を作成して壁に掲示するようにしています。手芸クラブや卓上ゲームクラブの参加者はクラブの時間外でも、個々に活動しています。

事例:季節・月間・週間・日間プログラム(ユニット型特別養護老人ホーム)

　ユニット型のD特別養護老人ホームでは、利用者のニーズに応じてレクリエーション活動を改善し続けて、現在では表2-6-10のような月間・週間・日間プログラムを定期的に行っています。

表2-6-10　特別養護老人ホームのレクリエーション年間プログラム

	具体的な内容
月間	誕生日会、ユニット対抗ゲーム、喫茶(きっさ)サービス、買い物、外出
週間	習字、絵画、ゲーム、音楽療法、麻雀
日間	体操、口腔体操(こうくうたいそう)、ドリル、絵画、歌、散歩、囲碁・将棋

第3章

ケアの質の向上を促すための方法

第1節 ストレスケア

1 ストレスとは

❶ ストレスとは

　そもそもストレスとは何でしょうか。それは自分がいやだと感じることだけではなく、私たちが受けるすべての刺激、例えば、仕事や人間関係、環境、さまざまな状況をいいます。このストレスのもとを、ストレッサーといいます。

　日頃、私たちは「これはストレスだ」と自覚せずに生活をしていることがたくさんあります。それは、私たちがそのストレスとうまく付き合う方法を身につけているからです。うまく付き合うことができるのは、さまざまな経験や体験、学習などによってつちかわれたものです。

　したがって、はじめて経験することやはじめての環境におかれると、私たちは誰でも緊張したり、どきどきして眠れなくなったりします。ここから逃げ出したいと思うこともあります。これがストレス反応で、誰にでも起こる自然なことです。

　ストレス反応は、その現れ方（症状）や反応の強さが人によって異なります。また、このような「はじめて」や「どきどきする」といった出来事を何回も繰り返していると、だんだんその状況に慣れてきて、あまり緊張しなくなり、どきどきしなくなります。それはストレスに対して免疫のようなものができたからです。これをストレス耐性といいます。

　ストレス耐性も人によって、強さが異なります。自分が受けているストレスが、他の人も同じようにストレスだと感じるとは限りません。逆に、他の人のストレスを自分も同じように感じるとは限りません。その人のストレス耐性に対してストレスのほうが大きいと、ストレス反応は強く出ます。ストレスがあまりに強い場合は、病気になってしまう場合もあります。何がストレスになっているかは、人によって異なることを知っておくことが重要です。

　しかし、生きている限りストレスがないということはあり得ません。さまざまなストレスとうまく付き合って、ストレスに対する耐性を高め、心の健康を保持することが重要です。

図 3-1-1　ストレッサーとストレス反応

❷ ストレスの原因

　ストレスの原因は仕事の問題（転勤や人事異動、退職、人手不足、責任、不十分な技術、評価など）や家庭の問題（家族の病気、離婚など）、経済的問題（借金やローンなど）、地域の問題（騒音、人間関係）などさまざまです。特に、近年は仕事上のストレスが自殺の原因になって社会問題にもなっています。これまでうまくいっていた仕事の失敗や業績不振などをきっかけとして、ストレスになることもあります。

　仕事にストレスを感じない人はいないと思いますが、職場がストレスの場であり、人によっては心身にさまざまな症状が出て、仕事を継続することが難しくなることがあります。また、家庭の問題が仕事に影響をおよぼしたり、その逆もあります。さまざまな要因が複雑に重なり合ってストレスを感じ、仕事や家庭生活に支障が出ることがあることを、管理者や働く人自身が知っておくことが重要です。

　2015（平成 27）年度の介護労働安定センターの「事業所における介護労働実態調査」を見てみると、介護職の働くうえでの悩み、不安、不満等について、多かったのは「人手が足りない」（50.9％）、「仕事内容のわりに賃金が低い」（42.3％）、「有給休暇が取りにくい」（34.6％）、「身体的負担が大きい（腰痛や体力に不安がある）」（30.4％）となっています。その反面、現在の法人に就職した理由は「資格・技能が活かせるから」が 39.2％、「働きがいのある仕事だと思ったから」が 38.6％、「通勤が便利だから」が 38.5％となっています。

　人手不足や賃金の低さ、有給休暇の取りづらさや身体的負担の重さを訴えながら、仕事の働きがいを感じたり、資格をいかせる仕事であることも自覚しています。このような介護職の気持ちは、仕事を継続するときに重要な因子となっていることを管理者は自覚して、職場環境の整備にあたることが重要です。

　このように、介護現場も多くのストレスをかかえながら仕事をしていることを知り、

対策を講じる必要があります。介護は利用者の生活や人生、命を預かる仕事です。日頃の業務がうまくいっていたとしても、自分のペースで日常のケアを進めることはできませんし、利用者の状況に合わせ、我慢をすることも多々あり、ストレスの溜まる現場です。それはどの職員にも共通していえることですから、職場内がストレスのかたまりにならないように、介護職一人ひとりが心地よく仕事ができるように、風通しのよい職場にする工夫をすることが重要です。

❸ ストレスの主な症状

ストレスが原因で起こる主な症状には、表 3-1-1 のようなものがあります。

このような状態が長く続くと、胃潰瘍や高血圧、うつ病や適応障害、強迫神経症などのストレス関連疾患に移行することがあるので、注意が必要です。特に、うつ病は罹患率が高く、病院の外来患者数も増加しているのが現状です。うつ病の症状には抑うつ気分、悲哀感、睡眠障害、自責傾向、妄想などの精神症状や早朝覚醒、食欲低下、便秘、倦怠感などの身体症状があります。抑うつ気分は日内変動があり、特に朝方に症状が強く出る傾向があります。また、自殺願望をもつこともあります。

職場ではそのような人にしっかり仕事をしてほしいと願うので、「頑張りましょう」とか「あなたならできる」といったように声をかけることもありますが、うつ病の人には、はげましはかえって逆効果になることもあります。

また、これらの疾患にかかったので、自分にストレスがあったのだと気づくこともあります。このような状況は誰にでも起こることです。自分は「大丈夫」とか「ストレスを感じるタイプではない」といったことは決してありません。

表 3-1-1　ストレスが原因の主な症状

身体的症状	動悸、胃痛、頭痛、不眠、疲労感、食欲不振、やせなど
心理的症状	イライラする、不安感がある、やる気が減退する、考えがまとまらないなど
行動面の症状	酒やたばこの量が増える、付き合いを避ける、服装がだらしなくなるなど

2　ストレスケアの考え方

2006（平成 18）年に厚生労働省が発表した「労働者の心の健康の保持増進のための指針」では、ストレスケア（同指針ではメンタルヘルスケア）を推進するために、四つのケアが重要であるといっています。

① 自分自身で行うセルフケア
② その職場の管理職などが行うラインによるケア
③ 事業所内の産業保健職員等によるケア
④ 事業所外の資源を利用したケア

❶ セルフケア

これまで述べてきたように、ストレスは誰でも感じているし、そのストレスが原因の疾患は誰でも起こり得ることです。働いている人自身がそのことを十分理解し、自分自身の体調に関心をもち、気づき、早めに対応することが重要です。これをセルフケアまたはストレスコーピングといいます。

セルフケアには三つの方法があります。
① 問題となっているストレッサーそのものにアプローチして、そのストレッサーをなくす、または変化させる。
② 自分や周りの人と協力して解決する。
③ ストレスによって生じた不安や心細さ、怒りなどを誰かに聞いてもらう。

ストレスは外部的な要因から生じることもあります。日頃から周囲の人の力を借りながら、話を聞いてくれる人をもつことで共感が得られ、気分が楽になるかもしれません。また、気分を発散することができる趣味などをもつことも有効でしょう。

❷ ラインによるケア

ラインによるケアは、管理者などが職場の環境を改善したり、働く人に対して個別の指導や相談を行って、できる限り体調不良を防ぐケアです。何がその職員のストレッサーになっているかを的確に把握し、対応していきます。そのためには、職場の環境や勤務状況、職員や現場の利用者の状況を把握し、職員の話を十分傾聴して職員から遠い存在にならないように心がけます。

「それは○○が悪い」とか「だからこうなったのよ」といった審判をすることも避けねばなりません。いつでも話ができる、わかってくれる管理者であることが求められます。また、管理者そのものがストレッサーであることもよくあることだと知っておく必要があります。

介護職の場合の管理者とは誰をいうのかは、その介護現場によって異なることがありますが、いずれにしても現場をよくわかってくれていて、自分たちが悩んでいる内容を理解し、介護技術を含めたアドバイスをしてくれる人が求められます。

さらに、面談などを行って得た、職員の秘密を保持することも忘れてはなりません。

❸ 事業所内の産業保健職員等によるケア

　事業所内で産業保健の専門職員等が行うケアです。介護現場においては、このような専門職員が配置されずに、前述のラインによるケアで解決していくケースが多いかもしれません。このような場合は、管理者から施設長に報告し、後述の事業所外の資源を利用して、解決にあたるような方法を周知しておくことも重要です。

❹ 事業所外の資源を利用したケア

　事業所外の資源は、都道府県の産業保健総合支援センターや保健所、精神科の病院やクリニックを指します。このような機関を積極的に活用し、相談することも有効な対策といえます。

3　ストレスによる関連疾患の予防

　働く人の心の健康を保持・増進するためには、予防や異常の早期発見が重要です。予防には一次予防、二次予防、三次予防があります（表 3-1-2）。特に体調不良を訴える前の健康を保持増進する取り組みが重要です。

　このため、厚生労働省は「過重労働による健康障害防止のための総合対策」を策定し、一次予防を目的に「ストレスチェック制度」が導入されているところです。

　このように、介護現場でも利用者の高齢化や認知症の比率の増加などもあり、ストレスを感じる職員が多くみられ、それが退職・転職につながっている現状があります。要介護高齢者が自分らしく生きていくための支援が、適切に行われるためには、介護職の健康が維持されていなければなりません。介護職の人手不足や医療依存度の高い利用者も多くなっていることから、介護職のストレスケアを忘れてはいけません。そのためには、ストレスケアに関する教育と、管理職と一般の職員が一丸となってストレスケアに関する取り組みを行うことが重要です。

　厚生労働省では 2003（平成 15）年 6 月に、過重労働による健康障害を防止するため、労働者本人による自己診断のためのチェックリストおよび家族による労働者の疲労蓄積度を判定できるチェックリストを作成し、公表しています。働く人それぞれの疲労蓄積度を判定するためのチェックリストとして、それぞれ健康管理のために積極的に活用してください。

表 3-1-2 ストレス関連疾患の予防

段階	目的	内容
一次予防	健康の保持増進	ストレスができる限り発生しない職場環境（仕事量や温度や照明、腰痛予防など）の整備とストレスケア推進のための教育のことで、管理者のみならず職員全体で気づき、改善します。
二次予防	早期発見と対応	体調不良を早期に発見し、対処することによって、ストレス関連疾患などを引き起こさないようにします。これも職員自身だけでなく、他の職員や管理者などの気づきが重要です。特に管理者や施設長などは職員の健康を守る義務がありますので、職員の健康状態には気を配る必要があります。
三次予防	治療と社会復帰 再発予防	体調不良を訴えている職員の治療と、結果的に休職となった職員の社会復帰、再発の防止をします。

出典：労働者健康安全機構「職場における心の健康づくり～労働者の心の健康の保持増進のための指針～」2017年をもとに作成

参考文献
- 労働者健康安全機構「職場における心の健康づくり～労働者の心の健康の保持増進のための指針～」2017年
- 神奈川産業保健推進センター「平成23年度産業保健調査研究報告書 メンタルヘルス対策の取組状況と課題解決に向けた提言について」2013年
- 東京都労働相談情報センター「メンタルヘルスとは？」 http://www.kenkou-hataraku.metro.tokyo.jp/mental/about/index_01.html

【参考資料】

労働者の疲労蓄積度自己診断チェックリスト

記入年月日 _____ 年 ___ 月 ___ 日

このチェックリストは、労働者の仕事による疲労蓄積を、自覚症状と勤務の状況から判定するものです。

1. 最近1か月間の自覚症状について、各質問に対し最も当てはまる項目の□に✓を付けてください。

1	イライラする	□ ほとんどない (0)	□ 時々ある (1)	□ よくある (3)
2	不安だ	□ ほとんどない (0)	□ 時々ある (1)	□ よくある (3)
3	落ち着かない	□ ほとんどない (0)	□ 時々ある (1)	□ よくある (3)
4	ゆううつだ	□ ほとんどない (0)	□ 時々ある (1)	□ よくある (3)
5	よく眠れない	□ ほとんどない (0)	□ 時々ある (1)	□ よくある (3)
6	体の調子が悪い	□ ほとんどない (0)	□ 時々ある (1)	□ よくある (3)
7	物事に集中できない	□ ほとんどない (0)	□ 時々ある (1)	□ よくある (3)
8	することに間違いが多い	□ ほとんどない (0)	□ 時々ある (1)	□ よくある (3)
9	仕事中、強い眠気に襲われる	□ ほとんどない (0)	□ 時々ある (1)	□ よくある (3)
10	やる気が出ない	□ ほとんどない (0)	□ 時々ある (1)	□ よくある (3)
11	へとへとだ（運動を除く）	□ ほとんどない (0)	□ 時々ある (1)	□ よくある (3)
12	朝、起きた時、ぐったりした疲労感を感じる	□ ほとんどない (0)	□ 時々ある (1)	□ よくある (3)
13	以前とくらべて、疲れやすい	□ ほとんどない (0)	□ 時々ある (1)	□ よくある (3)

<自覚症状の評価>　各々の答えの（　）内の数字を全て加算してください。　合計 [　　　] 点

I	0〜4点	II	5〜10点	III	11〜20点	IV	21点以上

2. 最近1か月間の勤務の状況について、各質問に対して最も当てはまる項目の□に✓を付けてください。

1. 1か月の勤務外労働	□ ない又は適当 (0)	□ 多い (1)	□ 非常に多い (3)
2. 不規則な勤務（予定の変更、突然の仕事）	□ 少ない (0)	□ 多い (1)	－
3. 出張に伴う負担（頻度・拘束時間・時差など）	□ ない又は小さい (0)	□ 大きい (1)	－
4. 深夜勤務に伴う負担（★1）	□ ない又は小さい (0)	□ 大きい (1)	□ 非常に大きい (3)
5. 休息・仮眠の時間数及び施設	□ 適切である (0)	□ 不規則である (1)	－
6. 仕事についての精神的負担	□ 小さい (0)	□ 大きい (1)	□ 非常に大きい (3)
7. 仕事についての身体的負担（★2）	□ 小さい (0)	□ 大きい (1)	□ 非常に大きい (3)

★1：深夜勤務の頻度や時間数などから総合的に判断して下さい。深夜勤務は、深夜時間帯（午後10時〜午前5時）の一部または全体を含む勤務を言います。
★2：肉体的作業や寒冷・暑熱作業などの身体的な面での負担

<勤務の状況の評価>　各々の答えの（　）内の数字を全て加算してください。　合計 [　　　] 点

A	0点	B	1〜2点	C	3〜5点	D	6点以上

3. 総合判定

次の表を用い、自覚症状、勤務の状況の評価から、あなたの仕事による負担度の点数（0〜7）を求めてください。

【仕事による負担度点数表】

		勤務の状況			
		A	B	C	D
自覚症状	Ⅰ	0	0	2	4
	Ⅱ	0	1	3	5
	Ⅲ	0	2	4	6
	Ⅳ	1	3	5	7

＊糖尿病や高血圧等の疾患がある方の場合は、判定が正しく行われない場合があります。

あなたの仕事による負担度の点数は：　[　　　]　点（0〜7）

	点数	仕事による負担度
判定	0〜1	低いと考えられる
	2〜3	やや高いと考えられる
	4〜5	高いと考えられる
	6〜7	非常に高いと考えられる

4. 疲労蓄積予防のための対策

あなたの仕事による負担感はいかがでしたか？　本チェックリストでは、健康障害防止の視点から、これまでの医学研究の結果などに基づいて、仕事による負担感が判定できます。負担度の点数が2〜7の人は疲労が蓄積されている可能性があり、チェックリスト2に掲載されている"勤務の状況"の項目（点数が1または3である項目）の改善が必要です。個人の裁量で改善可能な項目については自分でそれらの項目の改善を行ってください。個人の裁量で改善不可能な項目については、上司や産業医等に相談して、勤務の状況を改善するように努力してください。なお、仕事以外のライフスタイルに原因があって自覚症状が多い場合も見受けられますので、睡眠や休養などを見直すことも大切なことです。疲労を蓄積させないためには、負担を減らし、一方で睡眠・休養をしっかり取る必要があります。労働時間の短縮は、仕事による負担を減らすと同時に、睡眠・休養を取りやすくするので、効果的な疲労蓄積の予防法のひとつと考えられます。あなたの時間外労働時間が月45時間を超えていれば、是非、労働時間の短縮を検討してください。

出典：厚生労働省「労働者の疲労蓄積度自己診断チェックリストの公開について」2003年

第2節 リーダーシップ

1 リーダーとは

　本節では、ワーク形式でリーダーシップについて考え、明日からの業務にいかせる学びを展開します。それぞれの職場によって役割が違いますが、一般的にリーダーの役割として期待されていることは、「所属するチームの職員（部下）に対して、指示命令を出して統率を図る」ということです。

　介護現場で尊厳を支えるケアを実践するには、介護職や他の専門職がチームとして同じ方針・目標のもとで、ケアを遂行することが必要です。チームケアを実現するには、まとめ役のリーダーの特質をいかしたリーダーシップのあり方が鍵となります。介護現場でリーダーとして働く職位は、ユニットリーダー、介護主任、管理者、生活相談員などが考えられます。

　介護現場で求められるリーダーシップの定義として、ここでは「目的を実現するために職員を動機づけ、あるべき方向へ導くために、統率を図る能力」とします[1]。リーダーの役割は、「指導（監督者）、教育（実践者）、補佐（調整者）」の三つに大きく分けられ、それぞれの役割と求められる能力をまとめると表 3-2-1 のとおりになります[2]。

　このような役割を遂行するには知識や技術だけでなく、人間的能力（ヒューマンスキル）に含まれるコミュニケーション能力や倫理観が求められ、さらに、利用者や職

表 3-2-1　リーダーの役割と求められる能力

	役割	能力
指導 （監督者）	職員のモチベーションをあげ、統率し、目標に向かって個々の能力を最大限に引き出す。	指導能力（コーチングスキル） 人間的能力（ヒューマンスキル） 概念想像力（コンセプチュアルスキル）
教育 （実践者）	職員の能力を伸ばすように教育し、自らもその能力を発揮し模範となる。	介護技術（テクニカルスキル） 人間的能力（ヒューマンスキル） 身体能力（フィジカルスキル）
補佐 （調整者）	職員の意見をまとめ、業務にいかす。上司との調整を図り、上司の意見を職員に伝達し指示命令する。他の専門職と調整を図る。必要に応じて職員の相談にのる。	集団調整能力（グループワーク） 相談調整能力（ケースワーク） 個人調整能力（スーパービジョン）

員の人権を守るという強い意志と行動力が必要になります。本節では、リーダーとして行動する際の心の持ち方、つまり「勇気」に焦点を当てて、具体的にリーダーシップについて理解できるようにワーク形式（グループ演習）で学習を進めます。

> **ワーク1　私のイメージするリーダーとは（15分）**
>
> 　皆さんの職場のリーダーは、どんなことをしていますか？　どんなことが期待されていますか？　または、あなたがリーダーに期待することはどんな行動ですか？
> 　もしリーダーの立場であれば、自分自身がやっていることや、できていなくとも期待されていることをあげてみてください（できれば、2～3人のグループでメモをしながら話し合うとよいでしょう）。
> 　また、それらの行動が自分にとって難しいことは、どれですか？　その行動を起こすために何が必要なのかも含めて話し合ってください。
> 　※もしかすると自分自身に必要なものは、「勇気」ということに気づくかもしれません。

　リーダーシップに求められる精神は、「勇気ある行動」です。これはリーダーでなくとも、一人ひとりに必要な精神です。自信がないままのケアよりも自信をもったケアは、利用者や周りの職員にも安心してもらえます。間違った自信では困りますが、まずは自分のなかの勇気を確認して、このワークをきっかけに自分自身のリーダーシップを育てましょう。

> **ワーク2　自己チェックで課題をみつけよう（10分）**
>
> 　勇気ある行動とは何か、自分でチェックして課題をみつけてみましょう。
> □会議で発言、質問、意見、問題提起、提案する。
> □現場で望ましくない言動に対して指摘をする。
> □注意や指摘をされたら反省をする、改善する。
> □上司に間違っていると思うことを指摘する。
> □不機嫌な態度の同僚に注意をする。
> □気をつかいすぎたり、顔色うかがいの自分をやめる。
> □研修では一番前に座る。
> □知らない人と会話をする、人見知りしない。

□自分から元気よくあいさつをする。
□自分から率先して行動する。
□受け身な態度をやめる。
□ルールを守らない職員に注意をする。
□問題だと感じたら周りに相談をする。
□自分の気持ちや考えを人に伝えることができる。
□会議やミーティングやイベントで司会をする。
□苦手な人に対してもあいさつ、会話をする。
※自分で思いついた、勇気がなくてできていないことを書き留めてください。

　勇気ある行動とは、積極的なコミュニケーションや自己主張、自己表現ということになりますが、性格的に自己主張が苦手な人もいます。それでも役割として、またはチームの一員として、参加しなければいけない、主張しなければいけないときもあります。
　自己チェックのポイントは、まず自分で自覚できていることをあげることです。
　次のワークで話し合うために、自分で課題をみつけることが大切です。

ワーク3　課題をさらに具体化しよう（20～25分）
　ワーク2で出された自分の課題を2～3人一組になって、正直に打ち明けてみてください。そして、発言されたことに対して、感想や、質問をして、さらに具体的なイメージを深めてください。

　もしかすると、十分できていることを課題にしているケースもあります。このテーマにおける課題とは、「私が明日から勇気を出してチャレンジする行動目標」です。話し合いのなかで、正直に「私に足りない行動はこれだ」と打ち明けることで、意外なはげましや、アドバイス、協力が得られることもあるのです。

ワーク4　課題を宣言しよう（5分）
　ワーク3のなかで、今後取り組めそうなことを宣言してください。本当に実行できたら、リーダーシップを一つ身につけた、ということになります。

　ワーク3で話し合った課題のなかで、自分がチャレンジできそうな課題を自分で決めて、グループ内で宣言してください。自分で決める、ということもリーダーシッ

プに必要な要素です。この全体のワークは、リーダーシップが通る道を凝縮しました。自分自身の不十分さを自覚して課題をみつけ、自己開示をして協力者を得て、チャレンジするきっかけをつくる、というプロセスです。最後の宣言どおりに、ぜひチャレンジしてください。

● まとめ

　自分のなかに勇気を育てるということは難しいことですが、周りの協力や応援が勇気を与えます。ぜひイメージだけで終わらず、結果を出すことを目指してください。

引用文献
1）看護の科学社「看護実践の科学」編集部編『看護リーダーシップ2』看護の科学社、3頁、2011年
2）石郡英一『介護リーダー役割発揮のための基礎50』中央法規出版、11頁、2007年

第3節 ティーチングとコーチング

1 ティーチングとコーチングを体験する

　ティーチングとは、はじめから答えがわかっている事実や考え方を、指示や助言によって相手に教える方法です。新人や新任者などに基本的なことを教えるような場合や、緊急に対応が必要な場合などはティーチングを使います。ティーチングをする際には、次の①～⑥のルールを意識して実践することで、新人職員が安心して業務や職場に慣れる環境をつくることができるでしょう。

① 教科書的なものではなく、現場での手順を教える。
② 専門用語、業界用語をわかりやすく教える。
③ 現物を見せて教える（炎症などの身体症状や、福祉用具など）。
④ 抽象的な言葉よりも具体的な言葉で教える。
⑤ 低学年の小学生に通じる言葉で教える。
⑥ 「○○してはいけない」ではなく、「○○するとよい」という前向きな表現で教える。

　ある程度自立してきた職員には、自己決定や自己解決を支持するコーチングが適しています。表3-3-1のとおり、相手の状態や目的に応じて、ティーチングとコーチングを使い分けることが大切です。また、二つのスキルを学んで、実践することで強化されます。

表 3-3-1　ティーチングとコーチングの違い

	ティーチング	コーチング
機能 目的 効果	新しい知識を増やす 新しい答えを知る 正しい手順を知る 疑問を解消する	思い出させる 気づかせる 気持ちや言葉を引き出す 肯定する、自信をもたせる
対象	それについての知識がない人 適切な意見や答えを言えない人 正しい動きができない人 一人立ちしていない人 新人職員やまだ慣れていない職員	主体的に動けている人 自分なりの意見や提案をもっている人 知識やイメージがある人 業務や組織に慣れている人 知識や経験が豊富な職員

❶ ティーチングを体験しよう

> **ワーク1　言葉にすることの難しさを実感しよう（20分）**
>
> 　以下の内容について、2～3名で向き合いながら説明のトレーニングをしましょう。
>
> ティーチングの条件
> ・ここ、そこ、あれ、など、「指示代名詞」を使わない
> ・できる限り、ジェスチャー（身ぶり、手ぶり）を使わない（腕組みをしたままでもよい）
> ・わかりやすい言葉を使う。専門用語は一般用語にする。または、専門用語を使う際は、意味を説明する
> 　（例：移乗→乗り移る、傾聴（けいちょう）→話を最後まで聴く、関節可動域→関節の動く範囲、など）

　聞き役の人は、説明役の人に対して、気づいたことがあったら指摘してもかまいません。難しさを実感してもらうことが目的ですので、楽しく行ってください。説明役の人は、どこが難しいと感じたのか、メモしておいてください。

　※時間を見て、説明する項目を選んでもかまいません。

① 車いすの各部の名称とその用途、折りたたみ方、収納場所、使用する際の注意点を説明してください。
② 車いす移乗の介助の際の説明と、ボディメカニクスの説明をしてください。
③ 食事の準備の手順、配膳（はいぜん）する際の声かけ、姿勢の注意点を説明してください。

　この三つだけでも改めてやってみると非常に疲れますし、なかには自分の知識や表現力不足を実感する人もいるのではないでしょうか。何事もやってみないとわからないものです。

> **ワーク2　難しさを共有しよう（10分）**
>
> 　ワーク1をやってみた感想をグループで話し合いましょう。知識不足を感じた、言葉にするのは難しいなど、いろいろな感想を率直（そっちょく）に話し合ってみてください。

　感想を共有することで、自分のなかで気づいていたのに言語化できていなかったことや、説明することの難しさや大切さ、自分自身の学びの必要性を感じることができるでしょう。

❷ コーチングを体験しよう

> **ワーク3　肯定的なコミュニケーションを体験しよう（約20分）**
>
> 　コーチングにはいろいろなスキルがありますが、スタンダードなスキルを組み合わせたものを体験してみましょう。これは1対1で体験してください。
> ①　まずAさんとBさんを決めます。Aさんから始めます。
> ②　Aさん「最近食べたもので、おいしかった食べ物や、おいしかったレストランを教えてください」
> ③　Bさんが答えます。例：「〇〇食堂のみそラーメンです」など
> ④　Aさん「〇〇食堂のみそラーメンですね」と相手と同じ言葉で返します。
> ⑤　Aさん「それはどこにあるのですか？」「どんな味でしたか？」「どんな具が入ってましたか？」「また食べたいと思いますか？」と一つのメニューから想像できる質問をいくつかしてください。
> ⑥　Aさんの問いにBさんが答えます。その間、Aさんは静かにうなずきながら傾聴してください。
> ⑦　最後にAさん「それは私も食べてみたいです！」と表現してください。

　この体験のねらいは、肯定的なコミュニケーションと、自分自身のふだんのコミュニケーションの違いを実感してもらうことです。ふだんのコミュニケーションと比較することで、いろいろな学びや気づき、難しさを感じると思います。
・ふだん使わない言葉を使って、違和感があった。
・話をすることの楽しさを実感した。
・こんな聞き方があったのか、ということに気づいた。
など、自分らしいコミュニケーションと何が違うのか、ワークを体験しながら考えてみてください。
　④で相手と同じ言葉で返すテクニックを「オウム返し」といいます。オウム返しをすることで、相手に聞いてもらっているという印象を与えることができます。⑤の質問は「チャンクダウン」といい、会話の内容を具体的に掘り下げるテクニックです。会話が弾むような体験ができます。⑥は『傾聴』や『承認』のテクニック、⑦は『共感』のテクニックです。
　非常に簡単な方法ですが、ここでは意識してやってみることが大切です。ままごと遊びのようですが、実際のコミュニケーションにいかすためには、練習することが大切です。楽しく真剣に取り組んでください。ひととおり終えたら交代してください。

ワーク4（約10分）

ワーク3をやってみた感想を共有してください。このときも発言者の言葉に耳を傾け、最後まで聴くように意識してください。このときも、オウム返しや、チャンクダウンも試してみてください。

ティーチングのワークと同様に、感想を共有することは、お互いの言語化の学びになりますし、気づきが深まります。相手の反応に対する感想を述べることも、フィードバックといって、学びが深まる機会にもなります。ふだんのコミュニケーションが向上するきっかけにもなります。

● まとめ

ティーチングもコーチングも、学んでスキルを上げていくものです。経験や感覚でやるものではなく、背景の理論や確立されたパターンがしっかりとあります。興味をもてたものから学ぶことをおすすめします。学び続ける姿勢がプロとなるのです。

第4節 チームワーク

1 チームワークを考える

　尊厳を支えるケアを具現化するには、個々の職員の能力を結集したチームワークの実践が不可欠です。チームワークが介護現場で実現できれば、職場環境はなごやかになり、業務やケアがスムーズに遂行されるようになります。しかし、実際の介護現場では人間関係に関する悩みが多くあり、実現することは決して容易ではありません。

　チームとは「目的を成し遂げるための集合体」を意味しています。単に個々のメンバーがつながっている「グループ」に対して、「チーム」には以下の四つの要素がみられます [1]。

① 達成すべき目標をメンバーが共有している。
② 各メンバーに果たすべき役割の分担がある。
③ メンバー間に協力的・相互依存的な関係がある。
④ 他チームとの境界が存在する。

　チームワークは上記の四つの要素が実現できているときに生じるものであり、目標の達成に向かってチームが動いている状態であると考えられます。このようなチームをつくる過程では、リーダーやメンバーの意識や行動が鍵となります。本節ではワーク形式で授業を進め、四つの要素をもとにしたチームワークのイメージを言語化して、実践に役立てられるように進めます。

❶ **よいチームワーク**とはどんな状態か？

> **ワーク1　チームワークについて考えよう（10～15分）**
> 　2～3人一組になって、「チームワークがよい状態」とはどのような雰囲気で、どのような人物がいるか、想像して発言し合いましょう。
> 　例えば、
> ・みんなで協力し合っている状態
> ・仲がよいイメージ
> ・真剣に仕事をしているイメージ

・仲は悪くても、仕事はしっかりできる集団

など、自由にイメージについて話し合ってください。

話し合うことで、より具体的でポジティブなイメージが出てくると思います。あまり簡潔にまとめたりせず、意見が同じでも、楽しく、たくさん発言してください。このように、みんなで同じことを考える過程も、チームワークをつくる体験になります。

ワーク2　チームワークはよいことをする集団なのか（5分）

チームワークがよい組織＝正しいチームなのか？　話し合ってみてください。

例えば、「今まで一度も失敗したことがない伝説の銀行強盗集団」がいたとします。これは、きっとチームワークがよいのでしょう。

ここからわかるのは、チームワークがよいということが、正しい方向を向いているわけではないということです。よいチームワークとは、参加している人たちが望んでいる方向が統一されているということなのです。意識的に望んでいなくとも、あきらめの感情が蔓延（まんえん）すれば、あきらめのチームとなります。前向きに取り組もうとする意識が強ければ、前向きなチームとなります。

さて、皆さんのチームは、「正しい集団」なのか「間違った集団」なのか、振り返ってみてください。

ポジティブな集団も、ネガティブな集団も、同じチームワークです。自分たちのチームがどのような状況にあるのか、自分たちで評価して課題に取り組むことが大切です。まずは、自分のチームがポジティブなのか、ネガティブなのか、その理由も含めて発言してみてください。

❷ チームワークの成長プロセス

藤田敬一郎はチームの成熟度について、図 3-4-1 のように説明をしています。この概念（がいねん）をもっとわかりやすく説明すると、次の①〜④のとおりとなります。

①第1段階【初期緊張期】

初対面同士のような初期の緊張を感じている状態です。あいさつや他愛もない会話をしながら相手の性格や情報を想像しているような段階です。

②第2段階【相互作用期】

お互いの共通点がみえはじめて、楽しくコミュニケーションができるような段階です。いわゆる雑談ができて、いつものあいさつができる、リラックスできる関係の段

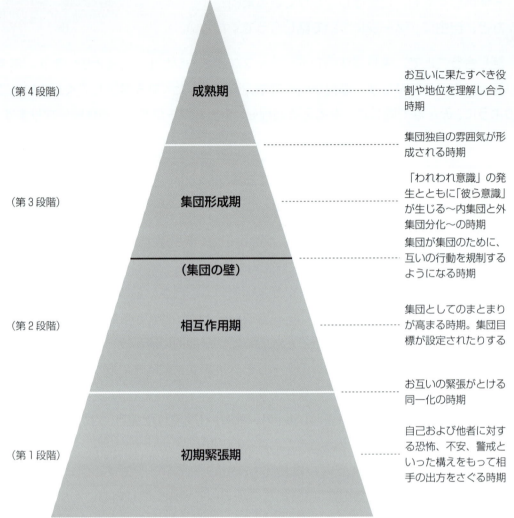

図 3-4-1　集団は変化（誕生し成長し消滅）する

（第4段階）成熟期 …… お互いに果たすべき役割や地位を理解し合う時期

…… 集団独自の雰囲気が形成される時期

（第3段階）集団形成期 …… 「われわれ意識」の発生とともに「彼ら意識」が生じる〜内集団と外集団分化〜の時期

（集団の壁）…… 集団が集団のために、互いの行動を規制するようになる時期

（第2段階）相互作用期 …… 集団としてのまとまりが高まる時期。集団目標が設定されたりする

…… お互いの緊張がとける同一化の時期

（第1段階）初期緊張期 …… 自己および他者に対する恐怖、不安、警戒といった構えをもって相手の出方をさぐる時期

出典：藤田敬一郎『一人の人間としてのあなたの影響力——看護・介護集団におけるリーダーシップとそのスキル』関西看護出版、116頁、2001年

階です。仲良し集団といわれるのはこの段階です。

③第3段階【集団形成期】

　仕事として、目的を達成しようとするといつまでも第2段階のリラックスした相互作用期のままでいるわけにいきません。お互いの役割を果たすために、やるべきことをみつけ、または周りにも責任や行動を求めるようになります。仕事をする人たちの不満はこの壁を越えられないところから生じるものが多いでしょう。

④第4段階【成熟期】

　チームとしての達成感を得られるときがこの段階です。第3段階の努力が報われる瞬間、この集団は「よいチームワーク」となるのです。目的に対して集団が一つに

まとまり、達成することができる段階です。そして、一つの達成を迎えたチームは、また新たな初期緊張期を迎え、新たな課題に取り組むといわれています。

> **ワーク3　自分のチームの課題を分析しよう（10分）**
> 　さて、皆さんのユニット、組織、チームは、上記①～④どの段階ですか？　その理由をグループで話し合ってください。
> ①　あいさつしても返事がない、まだお互いの関係ができていない、あいさつだけで会話がない……第1段階
> ②　仲はよいが、まじめな仕事の話まではできていない……第2段階
> ③　仕事についての議論が活発で、時にはケンカのようにもなるが、仕事には前向きである……第3段階
> ④　お互いが何を考えているか、何を求めているかがわかり、最高のチームである……第4段階

前述のワーク2で話し合った内容に近い段階をみつけることができましたか？チームワークに対する理論はいくつかありますが、図3-4-1の概念を使って確認してみましょう。

このように、すでに研究者が明らかにしている概念（フレーム）を知ることや、活用することは、一人で悩むよりも、短時間で課題をみつけ、改善につなぐことができます。チームワークに限らず、リーダーシップ、マネジメント、コミュニケーションは、ビジネスの分野で使われているフレームワークが大いに役立ちます。

❸ 成熟したチームになるための課題を考えよう

> **ワーク4（15分）**
> 　ワーク3で話し合った段階に対して、次のステップに上がるために段階ごとの課題を紹介します。これらを参考に、今後のチームの課題や目標を話し合ってください。

この話し合いのなかでも重要になってくるのが、個々の勇気です。改善や向上には、「勇気をもってその行動ができるか」ということが常に突きつけられます。

表3-4-1の「次のステップへの課題」を参考に、チームでチャレンジできる行動を決めてください。表以外の課題を考えてもかまいません。自分たちで決めることが重要です。チームワークが成熟するためには、個人の好き嫌いなどの感情よりも、目

表 3-4-1　各段階における課題抽出

チームの成熟度	この段階のチームの状況	次のステップへの課題
第1段階【初期緊張期】	あいさつをしない、あいさつ程度 お互いの理解が少ない 緊張感が高い 笑顔が少ない	☐あいさつをし合う ☐雑談、会話を増やす ☐飲みに行く ☐一緒にご飯を食べる
第2段階【相互作用期】	楽しく雑談ができる お互いの性格がわかる お互いの共通点がある 緊張が少なく、居心地がよい	☐ルールをつくる、守る ☐間違いを指摘する ☐理想、目的を確認する ☐よくするための会議をする
第3段階【集団形成期】	チームワークがよくなる まじめな話し合いができる お互いの役割が果たせてくる 仕事に真剣である	☐個々の役割を確認する ☐仕事をまかせる ☐雰囲気が悪くなっても向き合う、話し合う
第4段階【成熟期】	チームとしての達成感がある 役割が果たせている 成果を感じられる 自分のチームに誇りをもてる	☐これからの状況変化に対して、お互いの役割の変化を受け入れる ☐新しい仲間を受け入れる

標や目的を話し合うことが重要であることに気づくことができるでしょう。そして何度もチャレンジして、あきらめないことが重要です。

● まとめ

　仕事をするうえで大切なことは、正しさの主張よりも、チームワークを大切にすることです。正しさを主張するのではなく、どうしたらみんなが気持ちよく正しい方向に向かうのか、言い方や進め方、タイミング、協力者を募るなど、古い考えですが、「根回し」はチームワークをつくるうえでは、非常に大切なことなのです。

引用文献
1) 看護の科学社「看護実践の科学」編集部編『看護リーダーシップ2』看護の科学社、26頁、2011年

第5節 虐待防止

1 高齢者虐待防止法の成立

　高齢者や認知症の増加などを背景に高齢者への虐待が深刻化し、高齢者の尊厳の保持にとって虐待を防止することが求められ、2005（平成17）年に議員立法により「高齢者虐待の防止、高齢者の養護者に対する支援等に関する法律（以下、高齢者虐待防止法）」が成立しました。

　この法律は、高齢者の尊厳保持、権利利益の擁護を目的に、国および地方公共団体、国民、保健・医療・福祉関係者の責務、市町村や地域包括支援センターの役割なども規定されています。また、虐待の通報（努力）義務や立入調査権についても明記されています。養介護施設従事者等による虐待については、市町村・都道府県が対応しますが、その際、虐待者の虐待の意図は問わないとしています。さらに虐待者への処罰規定はなく、別の法律で行われることになっています。

2 高齢者虐待の定義

　高齢者虐待防止法では、「高齢者」とは65歳以上の者と定義されています。また、高齢者虐待の定義は「養護者による高齢者虐待」と「養介護施設従事者等による高齢者虐待」に分けています。

❶ 養護者による高齢者虐待

　養護者とは、「高齢者を現に養護する者であって養介護施設従事者等以外のもの」とされ、高齢者の世話をしている家族、親族、同居人等が考えられます。

　養護者による高齢者虐待は、養護者が養護する高齢者に対して行う表3-5-1の行為とされています。

❷ 養介護施設従事者等による高齢者虐待

　高齢者虐待防止法に規定する「養介護施設」「養介護事業」において行われる虐待のことをいいます。

表 3-5-1　虐待の種類

区分	内容と具体例
身体的虐待	暴力的行為などで、身体にあざや痛みを与える行為や、外部との接触を意図的、継続的に遮断する行為 【具体的な例】 ・平手打ちをする、つねる、なぐる、蹴る、無理矢理食物を口に入れる、やけどや打撲をさせる ・ベッドに縛りつけたり、意図的に薬を過剰に服用させたりして、身体拘束、抑制をする　等
心理的虐待	脅しや侮辱などの言語や威圧的な態度、無視、嫌がらせなどによって精神的、情緒的苦痛を与えること 【具体的な例】 ・排泄の失敗を嘲笑したり、それを人前で話したりすることにより高齢者に恥をかかせる ・怒鳴る、ののしる、悪口を言う ・侮辱を込めて、子どものように扱う ・高齢者が話しかけているのに意図的に無視する　等
性的虐待	本人との間で合意が形成されていない、あらゆる形態の性的な行為またはその強要 【具体的な例】 ・排泄の失敗に対して懲罰的に下半身を裸にして放置する ・キス、性器への接触、セックスを強要する　等
経済的虐待	本人の合意なしに財産や金銭を使用し、本人の希望する金銭の使用を理由なく制限すること 【具体的な例】 ・日常生活に必要な金銭を渡さない、使わせない ・本人の自宅等を本人に無断で売却する ・年金や預貯金を本人の意思・利益に反して使用する　等
ネグレクト (介護・世話の放棄)	意図的であるか結果的であるかを問わず、介護や生活の世話を行っている家族が、その提供を放棄または放任し、高齢者の生活環境や、高齢者自身の身体・精神的状態を悪化させること 【具体的な例】 ・入浴しておらず異臭がする、髪が伸びすぎだったり、皮膚が汚れている ・水分や食事を十分に与えていないことで、空腹状態が長時間にわたって続いたり、脱水症状や栄養失調の状態にある ・室内にごみを放置するなど、劣悪な住環境の中で生活させる ・高齢者本人が必要とする介護・医療サービスを、相応の理由なく制限したり使わせない　等

出典：財団法人医療経済研究機構「家庭内における高齢者虐待に関する調査」2004年を一部改変

❸ 高齢者虐待の実態

　厚生労働省の調査によると、高齢者虐待に関する相談・通報件数と虐待判断件数はともに増加傾向にあるのがわかります（図3-5-1）。また、虐待の内容については養介護施設従事者等による被虐待高齢者の総数778人のうち、虐待の種別では「身体的虐待」が478人（61.4％）で最も多く、次いで「心理的虐待」215人（27.6％）、「介護等放棄」100人（12.9％）でした（図3-5-2）。

　さらに、要介護度や寝たきり度との関係には有意差はありませんが、認知症高齢者について、身体的虐待を受ける割合が特に高いという結果が得られています。また、2015（平成27）年度の介護労働安定センターの事業所における「介護労働実態調査」によると、高齢者施設での虐待者の性別に有意差はなく、男性が若干多いという結果が得られています。

図 3-5-1　養介護施設従事者等による高齢者虐待の相談・通報件数と虐待判断件数の推移

出典：厚生労働省「平成27年度高齢者虐待の防止、高齢者の養護者に対する支援等に関する法律に基づく対応状況等に関する調査結果」2017年

図 3-5-2　高齢者虐待の種別の割合

※被虐待者が特定できなかった22件を除く386件における被虐待者の総数778人において、被虐待者ごとの虐待種別を複数回答形式で集計。
出典：図3-5-1に同じ

3 虐待の要因

虐待の発生要因では「教育・知識・介護技術等に関する問題」が 246 件（65.6％）で最も多く、「職員のストレスや感情コントロールの問題」101 件（29.6％）、「虐待を助長する組織風土や職員間の関係性の悪さ」38 件（10.1％）（複数回答）となっています。虐待に関する教育がいかに重要かがわかります。

4 身体拘束

❶ 身体拘束の具体的な事例

身体拘束は、高齢者の自由を制限しているかどうかがポイントです。例えば、表 3-5-2 のような例があります。日常のケアのなかで起こりそうな項目ばかりです。どのようなことが身体拘束にあたるのか、やむを得ない場合はどのようなときで、どのような手続きが必要かを知っておく必要があります。

表 3-5-2　身体拘束の例

①徘徊しないように、車いすやいす、ベッドに体幹や四肢をひも等で縛る。
②転落しないように、ベッドに体幹や四肢をひも等で縛る。
③自分で降りられないように、ベッドを柵（サイドレール）で囲む。
④点滴・経管栄養等のチューブを抜かないように、四肢をひも等で縛る。
⑤点滴・経管栄養等のチューブを抜かないように、又は皮膚をかきむしらないように、手指の機能を制限するミトン型の手袋等をつける。
⑥車いすやいすからずり落ちたり、立ち上がったりしないように、Ｙ字型抑制帯や腰ベルト、車いすテーブルをつける。
⑦立ち上がる能力のある人の立ち上がりを妨げるようないすを使用する。
⑧脱衣やおむつはずしを制限するために、介護衣（つなぎ服）を着せる。
⑨他人への迷惑行為を防ぐために、ベッドなどに体幹や四肢をひも等で縛る。
⑩行動を落ち着かせるために、向精神薬を過剰に服用させる。
⑪自分の意思で開けることのできない居室等に隔離する。

出典：厚生労働省「身体拘束ゼロへの手引き」2001 年

❷ 身体拘束と高齢者虐待

身体拘束は緊急やむを得ない場合を除き、高齢者虐待に該当します。緊急やむを得ない場合とは、表 3-5-3 の三つの例外要件をいいます。

表 3-5-3 身体拘束の例外要件

切迫性	利用者本人または他の利用者等の生命または身体に危険があること
非代替性	身体拘束その他の行動制限を行う以外に代替する介護方法がないこと
一時性	身体拘束その他の行動制限が一時的なものであること

さらにこの三つの要件に加えて、以下①〜⑤の適正な手続きが必要になります。

① 個人ではなくチーム（サービス担当者会議・身体拘束廃止委員会）での判断
② 本人や家族への説明（目的、方法、時間帯、期間などできるだけ詳しい情報）
③ 「家族の同意」があっても、例外3要件は必要
④ 観察と再検討による定期的再評価を行い、必要がなくなれば、すみやかに解除
⑤ 記録が義務づけられ、その記録を2年間保存

❸ 身体拘束の悪影響

高齢者の事故防止を考えた結果の身体拘束も、心身に悪影響をおよぼすことがあります。やむを得ない行為であっても大きな傷を残します（表3-5-4）。

表 3-5-4 身体拘束の悪影響

身体的影響	精神的影響
関節の拘縮、筋力の低下といった身体機能の低下	不安や怒り、屈辱、あきらめといった多大な精神的苦痛を与える
圧迫による褥瘡の発生	人間としての尊厳をおかす
車いすから無理矢理立ち上がろうとして転倒	活動・刺激の低下による認知症の進行、せん妄の発生
ベッド柵を乗り越えようとして転落	本人が拘束されている姿を見た家族の混乱・後悔・罪悪感
身体拘束具による窒息など	職員も自らのケアに誇りをもてなくなり、士気の低下をもたらす＝ケアの質の低下

5 養介護施設従事者等による高齢者虐待への取り組み

❶ 研修の実施

「3 虐待の要因」にあるように、虐待の要因の多くに教育・知識・介護技術等に関する問題があります。知識・介護技術の問題の内容は、利用者に関する疾患や障害の特性の理解、なかでも認知症の行動・心理症状（BPSD）に関する知識の不足です。高齢者はさまざまな疾患をもっていますが、それらの疾患は原因や症状、介護上の留意点などが違います。また、障害のレベルも異なるため、同じ疾患であっても支援の方法が違います。

認知症高齢者の徘徊や帰宅願望、異食などの心理・行動障害にはそれなりの理由がありますし、かかわり方によって、症状の程度は大きく変わってきます。

支援の仕方が職員ごとに違っていたり、間違っていると利用者は不安になり、状況が悪くなる一方で、介護職はそのような状況にイライラしたり、業務優先になったりします。まずは、介護職が身につけなければならない知識や技術を学ぶことが重要です。

研修は外部研修を利用してもいいでしょう。その場合、他の職員と情報を共有し、高齢者虐待についての認識を施設全体で深めることが重要です。

さらに、高齢者虐待そのものの知識も必要です。どのような行為が虐待にあたるのか、なぜ起こるのかを介護施設全体で、計画的に勉強会や事例検討会などの研修を開くとともに、高齢者虐待防止・対応マニュアルを作成し、研修のなかで活用することを習慣づけることも大切です。

❷ 職員のストレスケア

介護職は、仕事に生きがいをもっている反面、人間関係や人手不足で悩んでいます。また、身体的にも負担感をかかえていることから、多くのストレスをもって仕事をしています。このような状況では、利用者の尊厳を重視した介護はできません。お互いに話ができる働きやすい環境づくりや、自分はもしかしたら虐待をしてしまっているのではないかと不安になったときに、いつでも報告や連絡、相談ができる風通しのよさ、管理者の面接などが日頃から行われる施設環境づくりも重要だといえます。

❸ 施設運営の工夫

すでにどこの施設でも人材確保に必死になっていることだと思います。それでも人材が集まらないといった状況もあり、大変苦しい状況がこれからも続くと予測されますが、ボランティアなどに、身体介護以外の周辺整備を依頼するなどの工夫も必要です。また、高齢者虐待防止・対応マニュアルを運用することも施設運営上、重要なことです。

❹ 倫理観の構築

日本国憲法第13条には「すべて国民は、個人として尊重される。生命、自由及び幸福追求に対する国民の権利については、公共の福祉に反しない限り、立法その他の国政の上で、最大の尊重を必要とする」とあり、また、第25条第1項には「すべて国民は、健康で文化的な最低限度の生活を営む権利を有する」、第2項には「国は、すべての生活部面について、社会福祉、社会保障及び公衆衛生の向上及び増進に努めなければならない」とあります。

また、高齢者虐待防止法第1条に定めた同法の目的は「高齢者の尊厳の保持にとって高齢者に対する虐待を防止することが極めて重要である」とし、高齢者の権利利益

図 3-5-3　虐待防止の取り組み

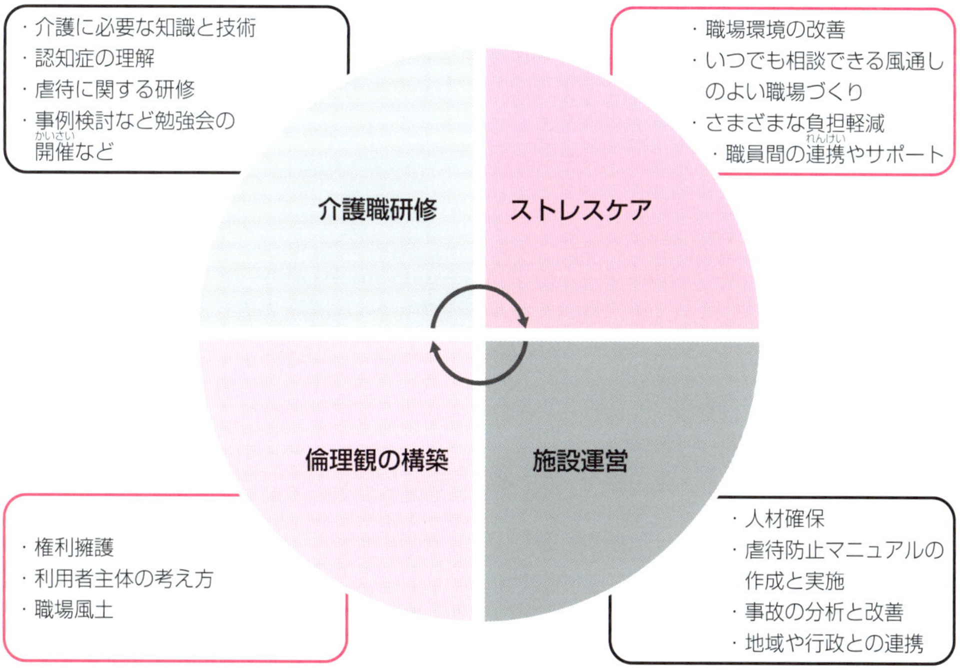

介護職研修
- 介護に必要な知識と技術
- 認知症の理解
- 虐待に関する研修
- 事例検討など勉強会の開催など

ストレスケア
- 職場環境の改善
- いつでも相談できる風通しのよい職場づくり
- さまざまな負担軽減
- 職員間の連携やサポート

倫理観の構築
- 権利擁護
- 利用者主体の考え方
- 職場風土

施設運営
- 人材確保
- 虐待防止マニュアルの作成と実施
- 事故の分析と改善
- 地域や行政との連携

の擁護が示されています。同法では国等の行政の責務を定め、高齢者の保護と養護者への支援について必要な対応を示すことがうたわれています。万が一、老人福祉法や介護保険法にもとづく施設・事業所で養介護施設従事者等によって虐待が行われた場合には、市町村や都道府県が対応することとされています。

　このように、高齢者の尊厳を守ることは介護業務に従事する者にとって重要で、基本的な考え方を、施設全体で共有することが虐待を防止する基本となるのです。

参考文献
- 厚生労働省老健局「市町村・都道府県における高齢者虐待への対応と養護者支援について」2006年
- 厚生労働省「高齢者虐待の防止、高齢者の養護者に対する支援等に関する法律に基づく対応状況等に関する調査結果」
- 髙﨑絹子監、岸恵美子ほか編『実践から学ぶ高齢者虐待の対応と予防』日本看護協会出版会、2010年
- あい権利擁護支援ネット監、池田惠利子ほか編著『事例で学ぶ「高齢者虐待」実践対応ガイド――地域の見守りと介入のポイント』2013年
- 東京都福祉保健局『東京都高齢者虐待対応マニュアル』2006年
- 認知症介護研究・研修仙台センター「介護現場のための高齢者虐待防止教育システム 施設・事業所における高齢者虐待防止学習テキスト」2009年
- 「養介護施設従事者等による高齢者虐待の再発防止及び有料老人ホームに対する指導の徹底等について（通知）」（平成27年11月13日老発1113第1号）

第6節 職員の腰痛予防

1 腰痛の発生状況

　厚生労働省が公表する「業務上疾病発生状況等調査（平成28年）」によると、全業種における「業務上疾病＊（4日以上休業）」の約6割、「負傷に起因する疾病」の約8割が「腰痛」であり、最も多いとされています。

　腰痛は他の業種では減少傾向なのに対して、社会福祉施設での発生件数は2002（平成14）年から2014（平成26）年までに約3倍に増加しています（図3-6-1）。介護職の63％が腰痛をもっているとされています。

　つまり、腰痛は介護職の職業病といえます。今後高齢者数が増え重度化すると、介護職の腰痛はさらに増加することが予想され、深刻な問題となっています。

　そのため、わが国は2013（平成25）年に「職場における腰痛予防対策指針」を改定し、腰痛発生が多い作業として「福祉・医療分野等における介護・看護作業」を取り上げ、個別の対策を示しました。また、同年に定めた「第12次労働災害防止計画」のなかで、重点とする業務上疾病対策として、社会福祉施設の介護職の腰痛対策が掲げられました。

　介護職が腰痛のために長期にわたって休む、あるいは離職すると、他の職員に負担がかかり、その職員が腰痛を発症するという悪循環に陥り、ケアの質の低下につながります。日本では要介護者の安全が第一に考えられ、介護職自身の安全と健康は二の次になっています。しかし、よりよいケアを提供するためには、介護職自身が安全で健康でなければなりません。

＊特定の業務に従事していることによってかかる、もしくはかかる確率が非常に高くなる病気の総称。業務上疾病は労働基準法の用語で、医学用語では職業性疾病と呼びます。

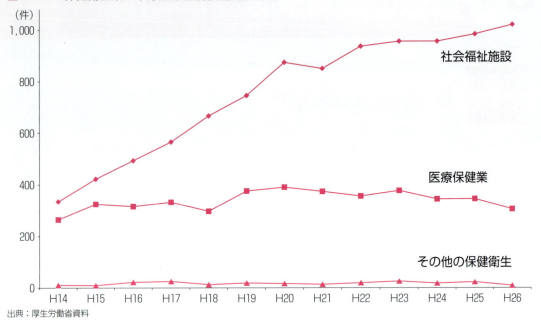

図 3-6-1　保健衛生業の中分類業種別腰痛発生件数

出典：厚生労働省資料

2　腰痛の原因

　腰痛症とは病名ではなく、腰周囲の痛みや不快感等の症状の総称です。腰痛は、原因の明らかな腰痛と明らかでない腰痛に分けられます。原因が明らかでない腰痛を非特異的腰痛（いわゆる腰痛）といい、腰痛の85％を占めます。

　腰部は、頸部や胸部と比較して前後の曲げ伸ばしの可動域が広く、ねじる可動域が狭いという特徴があります。前屈みになるなど腰部を前後に大きく動かす際には、股関節の動きを伴います。しかし、股関節がかたいと、股関節の動きを補って腰部が過剰に前屈したり、ねじれ、腰椎・椎間板・靱帯・筋肉等に負担がかかり、それが非特異的腰痛の原因の一つと考えられています。

　また、椎骨の後方にある脊柱管内を脊髄神経が通り、各椎骨の間の椎間孔から神経が手足に出ています。このような狭い穴を神経が通っているため、加齢により腰椎や椎間板等が変性すると、ずれて神経を圧迫することも、原因の一つと考えられています（図 3-6-2）。

　さらに、うつ、仕事上の問題や不満など、心理社会的因子が腰痛の発症と回復遅延に関与していることが明らかになっています。腰痛は「脊椎の障害」という認識から、「生物・心理・社会的疼痛症候群」という認識に変化しています。

図 3-6-2 腰部の構造

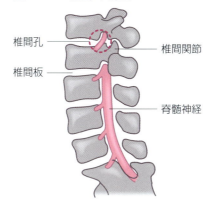

3 腰痛発生要因

　介護職では、1日の勤務時間の40％（約3時間）は腰に負担のかかる姿勢（前屈み、しゃがみ等）になっているとの報告があります[1]。具体的なケア場面での腰痛の発症は、居室等（ベッドと車いすの移乗）、入浴、排泄ケア場面が多く、移乗介助場面（65.1％）での腰痛発生が移乗以外の介助場面（34.9％）より多いです。また、単独でのケア場面（83.7％）での腰痛発生が、共同ケア場面（16.3％）より多いです（図3-6-3）。腰痛発生の主な要因として、動作、環境、個人、心理・社会の四つの要因があります。

図 3-6-3　社会福祉施設における腰痛発生状況

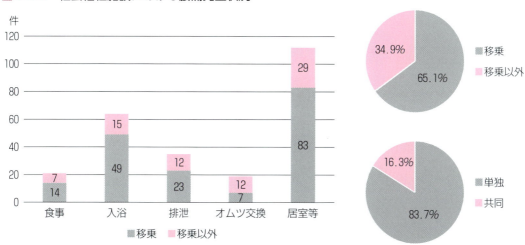

出典：「職場における腰痛発生状況の分析について」（平成20年2月6日基安労発第0206001号）

❶ 動作要因

- 重い物の持ち上げ運搬、介助のための人のかかえ上げなど
- 長時間の静的作業姿勢：立ちっぱなし、座りっぱなし
- 不自然な姿勢：前屈み・中腰・おじぎ姿勢、ひねり、後屈捻転（うっちゃり姿勢）
- 急激、不用意な動作

❷ 環境要因

- 温度：寒冷で筋肉の血流が低下し、傷害されやすくなります。入浴介助など高温多湿では疲労感が増強されます。
- 床面の状況：浴室等はすべりやすく、段差は転倒して腰を痛める危険性が高まります。
- 照明：暗いと足元の安全確認が不十分となります。
- 作業空間・設備の配置：トイレなど作業空間が狭い場所では前屈みや中腰、ひねり動作など不自然な姿勢をとることが多くなります。
- 勤務条件：小休止や仮眠が取りにくい、勤務編成が過重、施設・設備がうまく使えない、必要な教育・訓練を十分に受けられないなどです。

❸ 個人的要因

- 年齢および性：女性は男性よりも筋肉量が少なく、体重も軽く負担がかかりやすいです。
- 体格：身長、腕の長さ、腰の高さなどが作業環境と適していない場合があります。
- 筋力等：握力、腹筋力、バランス能力は若年、高齢、女性では一般的に低いです。
- 既往症および基礎疾患：腰痛の既往などを有する場合です。

❹ 心理・社会的要因

- 仕事への満足感や働きがいが得にくい、職場での対人トラブル（同僚・利用者）、労働者の能力と適性に見合わない職務内容やその負荷、過度な長時間労働、職務上の心理的負荷や責任、上司や同僚からの支援不足などです。

4 腰痛対策

❶ 利用者の今もっている機能の活用

・利用者の協力を得る

　声かけ（注意・集中、意識レベルの確認）、動作開始前の準備（視線、手すりを触るなど、動作のヒント・手助けとなる感覚を利用者につかんでもらう）（図 3-6-4）、重心移動の方向や動き始めのタイミング等を、声かけや身体に触れて伝えます。動作が始まったら、適切な介助量で、利用者の動きを邪魔せず、誘導します。ふだんから利用者の介助方法や介助量をチームで評価・統一しておき、そのイメージをもって介助することで協力が得られやすくなります。

❷ 福祉用具の利用

・2013（平成 25）年に厚生労働省が公表した「職場における腰痛予防対策指針及び解説」によると、取り扱える重量は、男性では体重の 40％、女性では 24％（体重 60kg の場合、男性 24kg、女性 14.4kg まで）と定められています。
・ノーリフト（持ち上げない）*原則を遂行・徹底しましょう。
・利用者の今もっている機能に合わせて適切なものを使用します。移乗介助の場合、ノーリフトを遂行するためにはスライディングシート、スライディングボード、介助グローブ、リフト、介助ベルト、スタンディングマシーンなどの活用が有効となります（図 3-6-5）。しかし、現実的には導入・利用が少ないという問題があります。

❸ 作業姿勢・動作、実施体制の見直し

ボディメカニクスの詳細は第 2 章第 1 節の 1 を参照してください。

1 腰に負担のかからない作業姿勢にするための対応

・前屈み、中腰

　低い位置で作業する場合は、床に膝をつけて行います。ベッドの高さを調節し、利用者と適度に近い距離で、背筋を伸ばして作業します。また重い物を持ち上げる場合

＊「押さない、引かない、持ち上げない、ねじらない、運ばない」をキーワードとし、危険や苦痛を伴う人力のみの移乗を禁止し、ケアされる人の自立度を考慮した福祉用具使用による移乗を行うための技術・ポリシー・考え方。

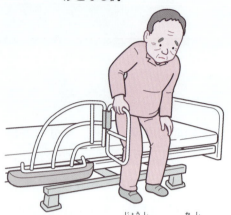

図 3-6-4　手すりが動作のヒント・手助けとなる例

手すりを用いることは単に上肢の力で下肢の力を補うだけでなく、動く方向の理解、動作開始のきっかけにもなり、要介護者の今もっている能力が発揮され、協力が得やすくなります。

図 3-6-5　福祉用具の活用

スライディングボード

は、背中をまっすぐ伸ばし、膝を曲げるパワーポジションを意識します（図 3-6-6、図 3-6-7）。

・ねじり・ひねり

　正面を向いて作業します。また、移乗介助等では動く方向に足を開き、下肢で重心移動を行うことで腰のねじりが減ります（図 3-6-8、図 3-6-9）。

・実施体制

　複数人で実施、分担、作業時間（疲労・負担）、作業環境を見直します。

❹ 作業標準の作成 （表 3-6-1）

　利用者を評価し、最も適した方法で、介護職の負担が小さく、効率のよい方法を計画します（作業手順、作業環境・福祉用具、作業人数、作業時間等）。移乗・入浴・排泄・おむつ交換・清拭・体位変換・移動などの日常生活動作（ADL）介助と治療・処置など、介助動作ごとに作成します。

❺ 作業環境の整備

・温度：服装でも調整できます。ユニフォームは通常指定されているので、下着で温かさや汗に対応します。
・衣服：伸縮性があるもので、保湿性、吸湿性、通気性を考慮します。床に膝をついた際などに、汚れを気にしなくてよいものが適します。
・靴：すべりにくく、床から腰にかかる衝撃を減らすため靴底は薄すぎたり、かたす

図 3-6-6 ケア場面にみられる、前屈み・中腰の例とその改善

悪い例　　　　　　　　　　　　　　　　　　よい例

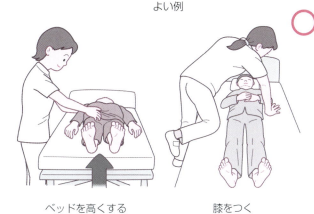

ベッド上での血圧測定時の前屈み　　　ベッドを高くする　　　膝をつく

図 3-6-7 パワーポジション

重量挙げの選手がバーベルを持ち上げるときの姿勢をイメージします。

図 3-6-8 ケア場面にみられる、ねじれとその改善

悪い例　　　　よい例

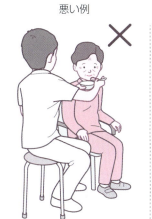
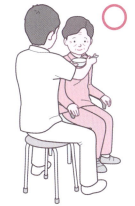

正面を向いて作業をします。

図 3-6-9 下肢を使った重心移動

重心を移動させる方向に事前に足を開いておきます。

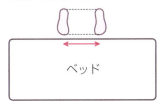
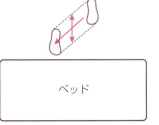

足を横に開いた状態では、支持基底面がベッドの頭尾方向に広く、頭尾方向の移動に有利（例：ベッド上で寝たまま利用者を移動（83頁参照））。

足を前後に開いた状態では、支持基底面が前後方向に広く、前後の移動に有利（例：立ち座り介助（85頁参照））。

表 3-6-1　介護施設における作業標準の作成例（部分介助者のベッドから車いすへの移乗）

利用者	・70歳、女性、身長145cm、体重40kg。 ・脳梗塞後遺症による左不全麻痺と生活不活発病（廃用症候群）による筋力低下がある。 ・左手は力が入らないが、右手はサイドレールや手すりを持つことができる。
作業環境	・電動ベッドを、反対側に人が入れるスペースをあけて配置する。 ・車いすは、アームサポート（アームレスト）とフットサポート（フットレスト）がはずせるタイプ。 ・スライディングボードあり。
ベッドから車いすへの移乗介助における作業標準例	・2人での介助が望ましいが1人の介助者でも可能。 ・緊急時など、どうしても人力でかかえ上げざるを得ない場合、利用者の体重が40kgで一般的には小柄とされるかもしれないが、1人でのかかえ上げは腰痛発生リスクが高いので、身長差の少ない介助者2人以上で行う。 ・利用者の今もっている機能をいかした介護を行うため、利用者の健側（右側）から移乗する。 ・リフトを使わず、スライディングボードを利用する。 ・車いすは、体格に合ったものを選定する。また、座位姿勢を整えるため、クッション等を利用する。

手順

①車いすを、利用者の頭側に30度ぐらいの角度でセットし、両側フットサポート（フットレスト）と左側のアームサポート（アームレスト）をはずしておく。
②ベッドを上げて介助者が作業しやすい高さにする。
③ギャッチアップを使用して利用者を起こし、次いで右手でベッドのサイドレールを持つように言いながら、利用者が端座位をとるよう介助する。
④ベッド高を車いすの座面よりやや高い位置に調整する。
⑤スライディングボードをセットするときは、利用者に少し右の臀部を上げてもらうよう、声かけをする。
⑥利用者には右手で車いすのアームレストをつかむよう、声かけをする。
⑦介助者はしっかり腰を落として、利用者の左側から体幹を支えるように車いすのほうに押して、車いすへの移乗を介助する。
⑧移乗が完了したら、利用者が車いすに深く腰をかけているかを確認してからボードを抜く。
⑨アームサポート（アームレスト）とフットサポート（フットレスト）をセットする。このとき、介助者は中腰にならないよう、膝をついて作業する。

出典：厚生労働省「職場における腰痛予防対策指針及び解説」2013年の参考6を一部改変

ぎないものが適します。サイズが合っていて、容易に脱ぎはきができるものを選びます。
- 補装具：腰部保護ベルトはその効果や影響が明確になっていないので、医師に相談のうえ、使用します。
- 環境整備：段差は解消し、すべり止めマット等を使用します。
- 適切な照明：部分照明を活用します。
- 作業空間の確保：整理整頓し、余裕のある作業空間を確保します（表 3-6-2、図 3-6-10）。

❻ 健康管理

- 仕事中は適度に休憩し、疲労を蓄積しないようにします。

表 3-6-2　4S（整理、整頓、清掃、清潔）

整理：必要な物と不要な物に分けて、不要な物を処分すること 　例：ベッド上移動、介助時にベッド柵をはずす 　例：ベッド上に余計な物は置かない
整頓：必要なときに必要なものがすぐに取り出せるように、わかりやすく安全な状態で配置すること 　例：スライディングボードをわかりやすい場所に配置する 　例：移乗時にあらかじめ車いすを近くに配置する
清掃：職場をきれいにして、衣服や廊下のごみや汚れを取り除くこと 　例：作業スペースや通路の床が濡れているとすべりやすいので掃除を励行する 　例：水ふき直後に介助しないで、すぐに乾燥させる
清潔：整理・整頓・清掃を繰り返し、衛生面を確保し、快適な職場環境を維持する 　例：感染症対策、医療安全

出典：厚生労働省職場の安全サイト「安全衛生キーワード」 http://anzeninfo.mhlw.go.jp/yougo/yougo61_1.html をもとに作成

図 3-6-10　作業空間確保の例

✕ 悪い例

〇 よい例

動きやすい環境を確保する。

・こころとからだの健康づくり：規則正しい生活で、ストレスを軽減できます。また、悩みを気軽に相談できる職場づくりを行います（表 3-6-3）。
・腰痛予防体操

仕事中等にできる腰痛予防体操（図 3-6-11）：同じ姿勢が続かないよう、作業の途中で軽く腰を反らせたり、ねじったりします。

腰痛を防ぐ身体づくりのための体操（図 3-6-12）：痛みのない範囲でゆっくり行います。ふだんから背中や股関節周囲の柔軟性を高め、筋力を強化することで腰痛になりにくい身体をつくることができます。

❼ 労働衛生教育

腰痛予防対策チームを立ち上げ、組織として取り組む必要があります。高額な福祉用具を購入しても、現場のニーズに合っていなかったり、教育がなされなければ活用されません。また、作業の標準化や実施体制の見直しには、多職種での取り組みや管理者の理解が欠かせません。

表 3-6-3 日常生活における留意点

・十分な睡眠、入浴等による保温、自宅でのストレッチング等は全身および腰部周辺の筋肉の疲労回復に有効です。
・喫煙は、末梢血管を収縮させ、椎間板の代謝を低下させます。喫煙習慣の改善を図りましょう。
・日頃の運動習慣は腰痛の発生リスクを低減させます。負担のない程度の全身運動を行いましょう。
・バランスの取れた食事は、全身および筋・骨格系の疲労や老化の防止に好ましい作用が期待されます。
・休日は疲労が蓄積するようなことは避け、疲労回復や気分転換を心がけましょう。

出典：厚生労働省中央労働災害防止協会「医療保健業の労働災害防止（看護従事者の腰痛予防対策）」35 頁、2014 年を一部改変

図 3-6-11　仕事中等に行う腰痛予防体操

腰を反らす　　　　　　背中をねじる

図 3-6-12　腰痛を防ぐ身体づくりのための体操

①ももの裏側のストレッチ　　　　②背中をねじるストレッチ

両膝をかかえ、胸のほうに引きよせる。

臍（へそ）をのぞき込むと腹筋の強化にもなる。

両手を広げ、両膝をそろえて左右交互に倒す。顔は、膝と反対に向ける。
※両膝ができる限りずれないように！

肩をつける。

目線は倒した膝と反対方向に向ける。

引用文献

1) 大阪府感染症情報センター「腰痛の起らない介護現場の実現のために」 http://www.iph.pref.osaka.jp/report/tokuyou/tokuyou2.pdf

おわりに

　筆者がはじめて高齢者の介護現場にボランティアとしてかかわった1990年頃の特別養護老人ホームでは、利用者が1日中ホールで何もせずに座っているか、ベッド上で寝たきりで過ごし、職員は利用者を「○○ちゃん」と呼ぶような、尊厳とは程遠いケアが行われていました。1987年に社会福祉士及び介護福祉士法が創設され、その翌年から介護福祉士第1号が誕生するなど、ようやく介護職の専門性が築かれはじめた頃でした。

　その後、社会福祉基礎構造改革を受けて介護保険法や支援費制度が創設され、さらに、介護保険法の改正や障害者総合支援法の制定が相次いで実施されるなかで、利用者の尊厳を支えるケアが理念の柱として重要視されるようになりました。尊厳を支えるケアを介護現場で実践するには、介護職が目の前にいる利用者のニーズや組織の風土・慣習等の本質を知る能力や常によいケアを追求する意識が必要であり、さらに運営者側に確固たる理念があって実現するものです。反対に、理念の具現化が実現しなければ、介護職の確保や離職率を下げることはできず、外国人介護職の雇用が推進されたとしても、定着率やチームケア等に問題が生じることになるでしょう。

　このように尊厳を支えるケアの実現や、介護職の職場定着率の向上の対応策として近年、人材育成プログラムの必要性が認知されるようになり、介護職の処遇加算に反映されるようになったことで、研修制度の導入が施設や事業所の関心事になっています。しかし、介護職を対象としたアンケート調査からは、定例研修や新人研修を実施していない、効果的に研修を進める方法がわからない、などの実態が報告されています。本書はそのような現場のニーズに応えるために、実際に介護職の研修に携わっている教員や講師が執筆を担当して、日常のケアに役立つテーマを厳選してまとめました。研修時だけでなく、日常業務やケアの教本としても使用していただけることを心より願っています。

　筆者は1996年から5年間にわたり、デイサービスやグループホームにおいて、ケアプラン、リハビリテーション、レクリエーション、職員育成のための研修・会議等を試行錯誤しながらも当時の職員と一緒に築く機会に恵まれました。さらに利用者主体のケアを追求するなかで、次の世代を担う社会福祉士や介護福祉士を養成する機

会を得て、この 13 年間は介護現場の研修制度に照準をあてて、研究を続けてきました。本書はこれまでの集大成として、群馬大学博士前期課程において気づきの育成研修に関してご指導いただいた山口晴保先生を監修者として迎えて、出版することができました。この場を借りて心より感謝申し上げます。また、博士後期課程で研修制度のあり方をご指導くださいました中島健一先生、本書の完成までを忍耐強く支えてくださいました中央法規出版の編集者である中島圭祥氏に感謝申し上げます。

編者　松沼記代

監修者・編者・執筆者一覧

■監修者

山口 晴保 (やまぐち はるやす)
認知症介護研究・研修東京センターセンター長

■編者

松沼 記代 (まつぬま きよ)
高崎健康福祉大学健康福祉学部社会福祉学科教授

■執筆者 (五十音順)

五十嵐 さゆり (いがらし さゆり) ──── 第1章第1節2・4、第4節2、第2章第1節7・8、第3章第1・5節
福祉人材育成研究所M&L所長

木林 身江子 (きばやし みえこ) ──── 第1章第1節3、第2章第1節1・2
静岡県立大学短期大学部社会福祉学科講師

功刀 仁子 (くぬぎ ひとこ) ──── 第1章第2節、第4節3、第2章第4節
東京国際福祉専門学校選任講師

佐々木 田鶴子 (ささき たづこ) ──── 第2章第1節3・5
福祉人材育成研究所M&L非常勤講師

知野 吉和 (ちの よしかず) ──── 第3章第2～4節
郡山健康科学専門学校介護福祉学科介護教員

服部 徳昭 (はっとり のりあき) ──── 第1章第4節
群馬県認知症疾患医療センター上毛病院院長・群馬県医師会理事

堀口 美奈子 (ほりぐち みなこ) ──── 第2章第1節4・6、第3節
高崎健康福祉大学健康福祉学部社会福祉学科助教

松沼 記代 (まつぬま きよ) ──── 第1章第1節1、第3節、第2章6節、別冊
高崎健康福祉大学健康福祉学部社会福祉学科教授

山上 徹也 (やまがみ てつや) ──── 第2章第1節9・10、第5節、第3章第6節
群馬大学大学院保健学研究科准教授

山口 晴保 (やまぐち はるやす) ──── 第2章第2節
認知症介護研究・研修東京センターセンター長

明日から使える！高齢者施設の介護人材育成テキスト
キャリアパスをつくる研修テーマ16選

2017年9月1日　発行

監　修	山口晴保
編　集	松沼記代
発行者	荘村明彦
発行所	中央法規出版株式会社
	〒110-0016　東京都台東区台東 3-29-1　中央法規ビル
	営　業　TEL03-3834-5817　FAX03-3837-8037
	書店窓口　TEL03-3834-5815　FAX03-3837-8035
	編　集　TEL03-3834-5812　FAX03-3837-8032
	https://www.chuohoki.co.jp/
印刷・製本	サンメッセ株式会社
装幀・本文デザイン	ケイ・アイ・エス
本文イラスト	小牧良次

定価はカバーに表示してあります。
ISBN978-4-8058-5570-6

本書のコピー，スキャン，デジタル化等の無断複製は，著作権法上での例外を除き禁じられています。また，本書を代行業者等の第三者に依頼してコピー，スキャン，デジタル化することは，たとえ個人や家庭内での利用であっても著作権法違反です。
落丁本・乱丁本はお取り替えいたします。